JN124849

呼吸がラクに!

体がラクに!

心がラクに!

ラクロール2

バタフライがラクに泳げる!

ラクフライ

水泳初級者向き

馬場浩希

じゃこめてい出版

この度、一冊目の『クロールがラクに泳げる！ラクロール』がご好評に預かり続編を書かせていただくことになりました。

読者の皆様ご愛用いただき、ありがとうございます。

さて、前作をお読みになったみなさんは、ラクロールでクロールが苦しくなく泳げるようなったのではないでしょうか。

今回は、バタフライをラクに泳ぐ方法としてラクフライをマスターしてもらいます。さらにラクロールをバージョンアップできる内容もあわせてご紹介するお得な1冊になっております。

25m泳げるようになったラクローラーのみなさん、そろそろ50mいやいやもっと長く泳げるようになりましょう！

25m泳いで、「ぜぇ～ぜぇ～はぁ～はぁ～」してるスイマーのみなさん、いまから、ラクロールで泳いでみませんか？

バタフライができると、クロールがさらにラクになります。

（それについては、第3章で詳しく！）

スイマーのみなさん、バタフライができるとカッコいいですよね！

「いや、バタフライなんてできなくっていい」と思っているスイマーの人いらっしゃいませんか？

それは、「バタフライはむずかしい！キツい！苦しい！」という経験があったからではないでしょうか？

バタフライというと、競泳のダイナミックなバタフライのイメージがありますよね。たしかに、あの力強い泳ぎ方ができたらカッコいいです。

しかし、初心者スイマーがやるには、筋力的にも体力的にもかなり大変です。

でも、私がお伝えしたいバタフライは、ご年配の人でもできるゆったりと泳げるラクなバタフライです。

実をいうと私も、小学生から高校生までは、バタフライが苦手でした。スイミングスクールで習っていたときには、プールの床をジャンプして泳いでいると思ってました。

　でもいまは、バタフライで続けて2000mをラクに泳ぐことができます。バタフライが泳げない人たちの理由は、スイミングスクールによって習う順番が変わるかもしれませんが、水慣れ→クロール→背泳ぎ→平泳ぎ→バタフライ→個人メドレー

　バタフライは最後になり、「受験に専念するから」、「平泳ぎまで泳げたらそれでいいかな」、と辞めてしまうお子さんが多くいます。

　これが、クロールや平泳ぎは泳げるけど、バタフライは泳げないという人が多くいる理由です。

「クロールよりバタフライの方が、泳ぎ方としては簡単です！」

　と言ったら、みなさん驚かれるでしょう。

　でも、これは本当です。

　ラクロールでも実証していますが、筋力に頼らず、正しい姿勢と動きをマスターすれば、ラクロールと同じようにバタフライもラクに泳げるようになります。

　さらに、ラクフライが泳げれば、クロールがさらにラクに泳げるようになります。

　今回のポイントは、たったの3点。

①おじぎ　②座る　③立つ

　この誰でもできるたった3つの動作を覚えるだけで、ラクフライは完成です。

　さあ、ラクロール初級者スイマーも、バタフライをあきらめてしまったベテランスイマーも、準備は良いでしょうか？

　ラクフライという異次元に楽しいスイムのスタートです！

もくじ

4

第1章

ラクフライの基礎

日常生活の正しい姿勢が、
スイムの向上につながります！
基本動作を体で覚えることでラクに泳げ、
姿勢も良くなります♪

さあ、憧れの
バタフライをラク〜に
泳いじゃおう！

バタフライとラクフライ　泳ぎ方の違い

1
姿勢

水の抵抗を減らすために、
体のうねりを少なくする
頭（首）を動かしてうねる
下を見る

2
リズム

リズム良く体を動かす

3
タイミング

「1、2、1、2」とタイミングを取り、
腕のタイミングで泳ぐ
足のタイミングで泳ぐ

4
腕

両手を前に伸ばす
手の入水角度は水面に対して45°程度
勢い良く後方に水を押し出す

5
足

膝は軽く曲げて足の甲で水を蹴る
第1キック強く（大きく）
第2キック弱く（小さく）

競泳的なバタフライ

　うねりを少なくすることで、できる限り水の抵抗を減らし、腕を指先までピシッと遠くに伸ばすことで、遠くへ前へと進むことを目的とした泳法です。

　スピードを重視した泳ぎ方になります。

　この泳法は、速く泳ぐためには適していますが、体力、筋力、持久力が求められます。基本がわからないままただマネをして無理に泳いでいると体を痛めます。

　なんとか泳げるようになっても、長く泳ぐことができなかったり、肩や腰にハリや痛みを伴ってくるでしょう。

　お医者さんが、バタフライは腰痛がある人はやってはいけないという理由は、このスピード重視のバタフライのことを言っています。

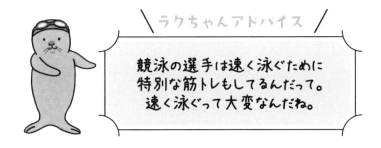

ラクちゃんアドバイス

競泳の選手は速く泳ぐために
特別な筋トレもしてるんだって。
速く泳ぐって大変なんだね。

バタフライとラクフライ　泳ぎ方の違い

ラクフライ

1 姿勢

首は動かさない
うねりは大きく（うねりがなくてもOK）
前を見る
おじぎの姿勢・座る姿勢・立つ姿勢に、
手足の力を入れない

2 リズム

リズムをとらない。ゆったりと

3 タイミング

「1、2、3、4、5」と
タイミングを取る

4 腕

両手の入水は深く
入水時、ヒジは曲げて良い
斜め後ろに腕を抜く

筋力じゃないのね！

5 足

膝を椅子に座るぐらい曲げる
キックの強弱はない
キックは、力を入れない

筋力に頼らないラクフライ

　タイミングが通常のバタフライの2倍以上になるため、水中にいる時間が長くなります。

　水中に長くいるので、腕を回す回数、キックの回数がかなり少なくなるのがラクフライの特徴です。

　競泳用のバタフライは、速く腕を回し瞬時に水を強くかく動作をたくさん繰り返します。速く腕を回すので水中から腕を出す回数が多くなり疲れます。

　しかしラクフライは、腕にも足にも頼らずに泳ぎます。

　推進力は、水中で生まれるものです。
　空中に体が出るとブレーキがたくさんかかります。
　腕をたくさん空中に出すということは、その分の抵抗を受けて泳いでいます。
　なるべく水中にいることで、少ない抵抗で前に進む方がラクですよね。
　水中でお休みするぐらいでちょうど良いです。

　ゆっくりラクに泳ぎたい人は、ラクフライです。

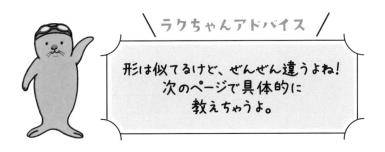

ラクちゃんアドバイス

形は似てるけど、ぜんぜん違うよね！
次のページで具体的に
教えちゃうよ。

バタフライの動作を知ろう

基本的なルール
- 身体がうつぶせの状態であること
- 両腕を同時に動かすこと
  （水面から水上まで、前方に一周させる）
- 両足は揃え、交互に動かしてはならない
- 両腕1回の水かきで、2回両足をそろえたキックを行う

上記の動作を守った上で、
ラクフライで大事な3つの動作

①おじぎ　　②座る　　③立つ

　3つの動作を正しい姿勢でできるとバタフライで25mがラクに泳げます。
　動作自体はむずかしくありませんが、この3つの動作を行うときに正しい姿勢になっていない人が多いです。普段の姿勢が大きく影響する動作になりますので、次のページをよく読んで、正しい姿勢と動作をマスターしてください。

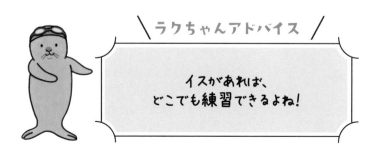

ラクちゃんアドバイス

イスがあれば、
どこでも練習できるよね！

①おじぎ

　正しいおじきの仕方は、挨拶や感謝、敬意などを表すために、相手に向かって腰を折り曲げる動作です。けして首だけでする動作ではありませんよね。
　ビジネスマナーの正しい「お辞儀」が、バタフライのドルフィン姿勢になります。

お辞儀の仕方
①視線を合わせ、まっすぐに立つ
②背筋を伸ばしたまま首は動かさず腰から曲げる
③曲げた状態で一呼吸
③背筋はそのままで、ゆっくりと上半身を起こす
④視線を合わせる

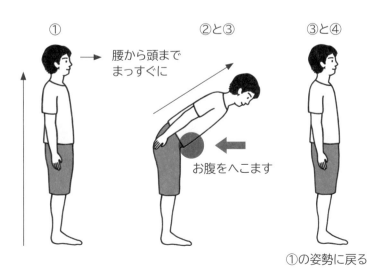

①

腰から頭まで
まっすぐに

②と③

③と④

お腹をへこます

①の姿勢に戻る

13

②座る

　正しい椅子の座り方は、座るときに少し前傾姿勢になり、お尻を椅子の一番奥まで入れ、下腹部に力を入れて座ります。

　下腹部に力を入れて座ると、自然と背筋がまっすぐな座り方になります。このとき、左右に傾かないように平行に体重がかかるように意識しましょう。

　この動作が、ドルフィンキックの姿勢になります。この正しい動作ができると、バタフライがかなりラクになります。

　下のイラストを参考に、日常生活の中で正しい椅子の座り方を心がけましょう。

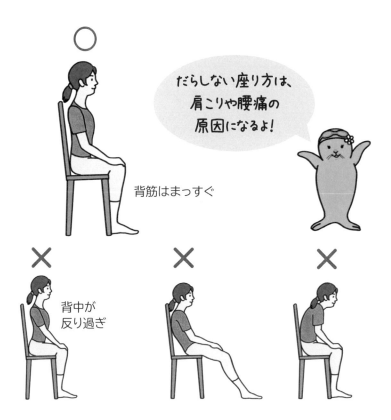

○

だらしない座り方は、肩こりや腰痛の原因になるよ!

背筋はまっすぐ

× 背中が反り過ぎ

×

×

③立つ

　正しい姿勢の仕組みを知りましょう。

「姿勢を正しなさい」と子どものときに言われたけれど、実際に正しい身体の仕組みを理解できている人は少ないのではないでしょうか。

　間違った姿勢でいると、あっという間に習慣化し、身体が歪む原因となってしまいます。

　正しい立ち姿勢は、側面から見ると

耳→肩→股関節→ひざ→外くるぶしが、直線上にあります。

　一人では確認しづらいので、他の人にチェックしてもらいましょう。

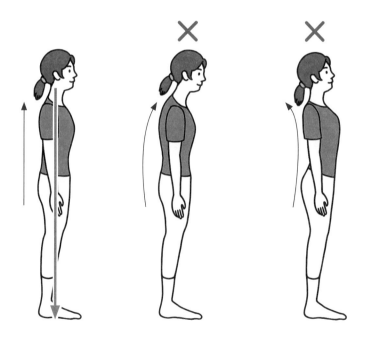

ラクフライの基礎練習

①おじぎもぐり

　正しい「お辞儀」の動作ができたら、水中でやってみましょう。

　バタフライの基礎練習にあるイルカ飛びと似た練習になります。(イルカ飛び→床を蹴る／おじぎもぐり→床を蹴らない)

　腕を水面と並行になるぐらい上げ、イスに座る姿勢になります。

　イスから立ち上がりながらおじぎをします。

　頭が下がると同時に足が上がりますので、その姿勢をキープ。

　足が下がると同時に浮力によって上半身が浮いてきます。

　勢いよく飛んだり、水中で腰を使ってうねりを作らないようにしましょう。

POINT

- 飛び上がらない
- 下腹部にだけ力を入れる
- 頭は動かさない

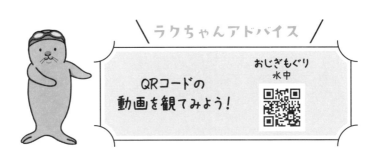

ラクちゃんアドバイス

QRコードの
動画を観てみよう！

おじぎもぐり
水中

①座る

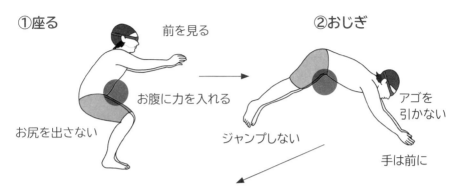

前を見る

お腹に力を入れる

お尻を出さない

②おじぎ

アゴを
引かない

ジャンプしない

手は前に

③おじぎから足が上がってくる

腕を上げようとしない

④足が下がってくると体は水面と並行になる

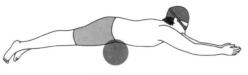

姿勢はまっすぐ

⑤足が下がると頭は上になる

足が下がるのを待つ

②おじぎドルフィンキック（第1キック）

　おじきの動作で、ドルフィンキックをします。バタフライでは、ドルフィンキックのことを第1キックといいます。手の入水のタイミングで重心移動を行うキックになります。

　ラクフライのドルフィンキックは、キックとおじぎを同時に繰り返す、うねりを作るキックです。

　このとき、首の動きを使わずに腰から曲げるようにします。

　①座る（膝を曲げる）→②おじぎ（頭を下げる）を繰り返します。おじきと同時に膝を伸ばしましょう。この動作の連続が、ラクフライのドルフィンキックです。

　おじぎドルフィンキックが、ラクにできるようになれば、次の第2キック（座る・立つ・息継ぎ）も、スムーズに行えるようになります。

POINT

- ・キックを強く蹴らない
- ・顔は前を向く
- ・頭を動かさない
- ・腕は目線の高さぐらいに

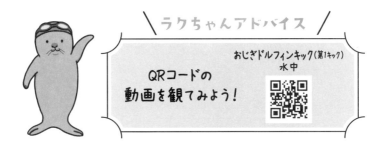

ラクちゃんアドバイス

QRコードの
動画を観てみよう！

おじぎドルフィンキック（第1キック）
水中

①座る

浮かんだ状態で椅子に座る姿勢からスタート

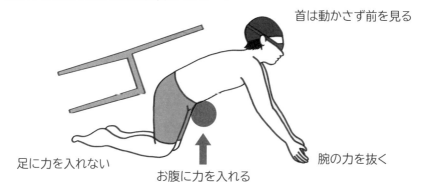

首は動かさず前を見る

足に力を入れない

お腹に力を入れる

腕の力を抜く

②おじぎ

膝を伸ばすと同時におじきをする
下腹部をへこまし手足を下げる

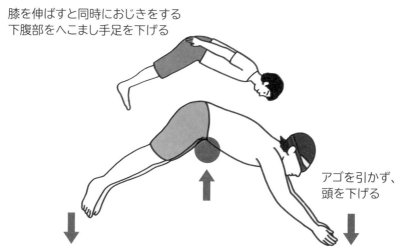

アゴを引かず、
頭を下げる

①と②を同じリズムで繰り返す

③座る＆立つ（第2キック）

　第1キックができるようになったら第2キックの練習をしてみましょう！

　第2キックは、息継ぎのときにするキックです。

　第2キックを蹴り終わった後に、頭から膝までが一直線になると良いです。ラクフライでは、①座る（膝を曲げる）②立つ（膝を伸ばす）の動作になります。

　第2キックは、息継ぎと同時に腕を回すことになるので、第2キックだけ練習すると息継ぎのタイミングがとりやすくなります。

　足が下がると息継ぎがしやすくなります。逆に、足が上がっていると腰を痛める原因になります。

POINT

- ・キックを強く蹴らない
- ・顔は前を向く
- ・頭を動かさない
- ・腕は目線の高さぐらいに
- ・足を下げる

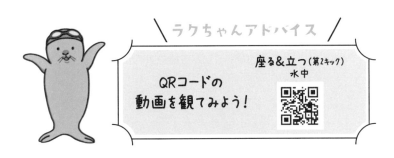

ラクちゃんアドバイス

QRコードの
動画を観てみよう！

座る＆立つ（第2キック）
水中

①座る

浮かんだ状態で椅子に座る姿勢からスタート

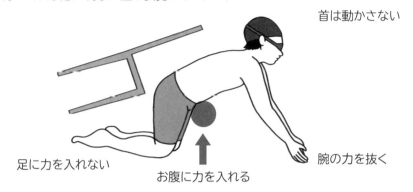

首は動かさない

足に力を入れない

お腹に力を入れる

腕の力を抜く

②立つ

蹴るのではなく足を下げる（膝を伸ばす）

前を見る

肩・腕に力を入れない

④息継ぎドルフィンキック

おじぎドルフィンキックと座る＆立つを合わせた動作です。

第1キックと第2キックがスムーズにできるようになったら、①座る（膝を曲げる）→②おじぎ（膝を伸ばす）→③座る（膝を曲げる）→④立つ（膝を伸ばして息継ぎ）これを繰り返し行います。

あせらず、ゆっくり同じリズムで行いましょう。

息継ぎが上手くいかない原因は、膝を伸ばしたときに足が下がっていない状態で顔を上げています。しっかり足が下がる姿勢を意識しましょう。

POINT

- ・キックを強く蹴らない
- ・顔は前を向く
- ・頭を動かさない
- ・腕は目線の高さぐらいに

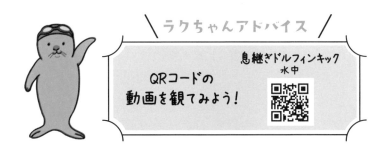

ラクちゃんアドバイス

息継ぎドルフィンキック
水中

QRコードの
動画を観てみよう！

第1キック

①座る

前を見る

お腹に
力を入れる

足に力を入れない

②おじぎ

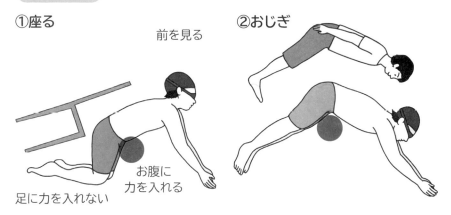

第1キックと第2キックを同じリズムでおこなう

第2キック

③座る

①と同じ姿勢・動作

足に力を入れない

④立つ

息継ぎ

前を見る

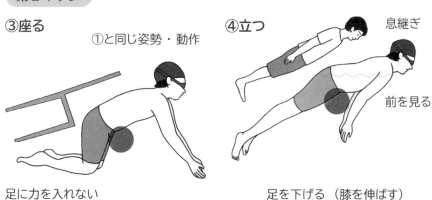

足を下げる（膝を伸ばす）

ラクフライの泳ぎ方

　ラクフライは、ラクロール同様ゆっくり泳ぎたい人向けの泳ぎ方になります。

　空中に両手が上がる（回す）回数を減らし、水中にいる時間を増やすことで運動量が減り、体力の消耗が少ないバタフライになります。

　バタフライと基本的な動きは一緒ですが、ゆったりとした動作でラクに泳げるラクフライになります。

【シーソーと同じ原理】

上半身が沈めば下半身が浮かぶ。
下半身が沈めば上半身が浮かぶ。
この原理で泳ぐため、力は入りません。

POINT

- 「1、2、3、4、5」とタイミングを取る
- おじぎの姿勢・座る姿勢・立つ姿勢
- 首は動かさない。前を見る
- 足・腕の力は入れない

\ラクちゃんアドバイス/

QRコードの
動画を観てみよう！

ラクフライ
水中

ラクフライ
上から

①おじぎ

アゴを引かない

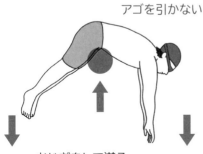

おじぎをして潜る
タイミング1
腕と足を同時に下げる

②座る

前を見る

足に力を
入れない

座るポーズで前を見る
タイミング2.3.4

③立つ

蹴るのではなく足を下げる
（膝を伸ばす）

立つポーズで息継ぎをする
タイミング5

上から見た腕の送り方

後ろに腕を送る

前に腕を送る

ラクフライの息継ぎ

　水中では、常に息を吐きます。

　1, 2, 3, 4, 5のタイミングで、1〜4カウントまで潜り、息を吐き続けながら、5の顔が上がるタイミングで吸います。

　首を動かさないので、第1キックから第2キックのポーズ（座るポーズ）になるまで、かなりの時間がかかります。

　たくさん息を吐くことで、下半身が下がります。

　息をたくさん吐く、下半身が下がる、この動作で下腹部に力が入り、腰が反らなくなります。

　下腹部に力が入れば、第2キックの膝を合わせられます。

　膝を合わせた状態から脚を伸ばせれば、腕の力はほとんど使わず顔が水面から出るので、息継ぎがラクになります。

　これで、バタフライの**疲れる・苦しい・難しい**が解消できます。

POINT

- 水中で、長く息を吐く
- 水中で、前を見る
- 膝を曲げるときに、膝の間が開かない
- 5カウントでバタフライを完成させる

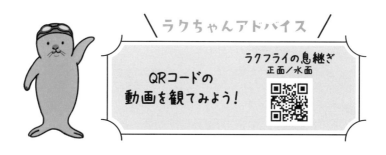

ラクちゃんアドバイス

QRコードの動画を観てみよう！

ラクフライの息継ぎ
正面／水面

①おじぎ（お腹に力を入れる）

顎を引かない

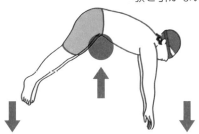

息を吐き下腹部をへこまして潜る
（第1キック）　タイミング1

②座る（足に力を入れない）

前を見る

座るポーズに移行し息を吐き
下腹部のへこみを崩さない
（第2キック）
タイミング2.3.4

③立つ（蹴らずに膝を伸ばす）

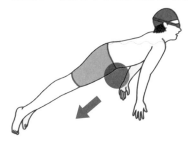

立つポーズで息を吸う
タイミング5

上から見た息継ぎ

後ろに腕を送る

前に腕を送る

ラクフライスイマーになるための
大切な心得

- バタフライを見よう見まねでやらないようにしましょう。腰・肩を痛めます。
- オリンピックなどの競泳用バタフライのイメージをいったん捨てましょう。
- 速くてダイナミックなバタフライは過酷なトレーニングの賜物です。パワフルなバタフライにチャレンジするのではなく、ラクな泳ぎ方を身につけるためのラクフライに挑戦してみましょう。
- キツい。苦しい。難しい。の原因は、腕で泳ごうとするからです。これは、すべての泳ぎに共通します。
- ラクロールでラクに泳げるようになってきた人は、バタフライも同じ原理原則で練習しましょう。

　腕力に頼らない。脚力に頼らない。スピードでごまかさない。ゆっくり、優雅に健康の為に、ラクフライをマスターしてください。ラクフライができるとラクロールがもっとラクになりますよ。

第 2 章

ラクフライドリル

【おじぎ・座る・立つ】の基本動作から
姿勢と動作が身につく、簡単な5つのドリル！
5つをマスターすれば、バタフライがラク〜に
泳げる『ラクフライ』の完成です！

レッツ トライ！
どれも簡単♪

ラクフライとラクロール
相乗効果で泳力向上

　ラクフライの動作を覚えるために5つドリルを用意しました。

　バタフライは、一般的にパワフルな泳ぎ方をイメージしがちだと思います。

　これから紹介するドリルを練習することで、力を使わないラクな動作が身についてきます。

　また、バタフライは腰に悪いと言われますが、腰を反るから腰に悪いわけで、腰を反らないラクフライができれば、腰が痛くなることはありません。

　力を使わず、ゆっくりとしたラクフライが泳げるようになると、体の左右のバランスが良くなります。

　バランスが良くなれば、当然、他の泳ぎにも良い影響が出てきます。

　クロールのスピードアップにもつながりますし、長く泳げる体力もついてきます。

　なかなかラクに泳ぐことができない人は、他の泳ぎ方をしてみるとラクに泳げるようになるヒントが隠されていたりします。

　いつもクロールだけ練習している人は特に、ラクフライをトレーニングに取り入れてください。

　ラクフライを練習すれば、ラクに泳げる体の使い方が分かるようになりますよ。

　バタフライが腰を反らないようにできるのであれば、ローリングしているクロールは腰は反らないし、痛くならないですね。

　第4章から、前回の書籍「クロールがラクに泳げる！ラク
ロール」の、次の段階に進むためのレッスンなります。
　ラクフライドリルは、ラクロールのスイム向上にとっても、
大切な練習になります。

　クロールもバタフライも肩回しとしては前回しですね。
　片手を交互に回しているか（クロール）、両手一緒に回し
ているか（バタフライ）になります。
　バタフライの腕回しは、クロールと同じ前回しです。
　両腕前回しか、片手交互の前回しの違いだけで、肩・腕の
回し方は同じです。
　バタフライで腕前回しができれば、クロールで片手交互の
前回しは、もっとラクにできますよね。

　ラクフライを習得してクロールをラクロールに変えましょう！

バタフライは左右対称の
泳ぎ方だから、体のバランスが
良くなるし、ラクロールも
まっすぐ泳げるようになるよ！

レッスン 1 ノーアームラクフライ

腕を使わずに足だけで進みます。

腕を回さないで、水中動作を意識する練習です。

第1キック&第2キックの繰り返しをします。（P.22、23参照）

腕を使わずに息継ぎができたら腕の力はいらないですね。

また腕の動きは、力を抜いて適当に動かすだけでOKです。

速く進むのではなくラクに泳ぎたい方はマスターしましょう。

①おじぎ→②座る→③立つ を繰り返します。

POINT

- 腕の力を抜く
- 頭を動かさない
- おじぎから立つまでの動作をゆっくり行う

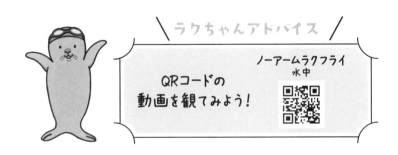

ラクちゃんアドバイス

QRコードの
動画を観てみよう！

ノーアームラクフライ
水中

①おじぎ（第1キック）

アゴを引かない

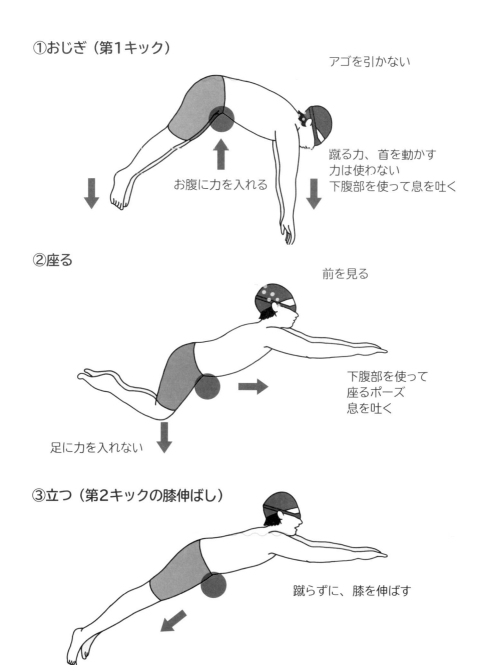

お腹に力を入れる

蹴る力、首を動かす
力は使わない
下腹部を使って息を吐く

②座る

前を見る

下腹部を使って
座るポーズ
息を吐く

足に力を入れない

③立つ（第2キックの膝伸ばし）

蹴らずに、膝を伸ばす

アゴのせラクフライ

　ラクロールでも紹介しているラクフライ用姿勢矯正キック練習になります。

　この練習は、両手をアゴにつけてヒジを前にすることで、**①首を動かす　②キックを強く蹴る　③うねりを腰でやる**この3点を矯正することが目的です。この3つを行わずドルフィンキックをするには、下腹部を使わないとできません。

　骨盤の前傾・後傾の力だけでキックを行います。このキック動作は、速く進みません。進まないからできていないわけではありません。

　キックを強く蹴らずに、下腹部と骨盤の前・後傾を意識しましょう。

　バタフライで痛める・疲れる3大原因は、【腰を反る】・【首を動かす】・【強くキックする】です。

POINT

- ヒジを揃えて前に出す（①〜③までキープ）
- 下腹部を使う
- キックを強く蹴らない

＼ ラクちゃんアドバイス ／

QRコードの
動画を観てみよう！

アゴのせラクフライ
水中横

アゴのせラクフライ
正面

①おじぎ

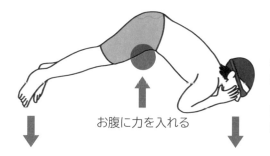

手をアゴにつけて
おじぎからスタート

両ヒジを合わせる
①〜③までキープ

お腹に力を入れる

②座る

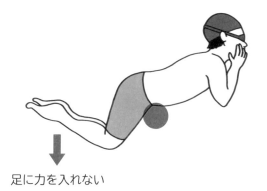

前を見る

手と顔は動かさず
座る（膝を曲げる）

足に力を入れない

③立つ

前を見る

上半身の姿勢はキープし、
膝を伸ばす

レッスン 2 ドルフィン平泳ぎ（通称ドル平）

足はバタフライで、腕・息継ぎを平泳ぎで行います。

この動作ができる人は、ラクフライが70%完成です。

ノーアームラクフライができれば、平泳ぎの腕を動かす力もいらないはずです。

キックを強く蹴ったり、平泳ぎ呼吸のときに腕の力で息継ぎをしないようにしましょう。

また平泳ぎで息継ぎをするときに、キックをしなかったり、足を開いてしまうこともあるので注意しましょう。

POINT

- おじぎ→座る→立つを繰り返す
- おじぎで潜る（第1キック）→座る（前を向く）→立つキック
- 蹴る力・首を動かす力は使わない
- 下腹部を使う
- 息を吐く

＼ ラクちゃんアドバイス ／

平泳ぎをやったことがない人は、
腕を横に開く（顔を水中から上げて息を吸う）
開いた腕を閉じる
（顔を水中に入れて息を吐く）をやってみて！

ドルフィン平泳ぎ
水中

①おじぎ

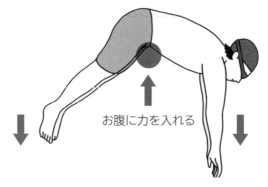

第1キックでスタート

アゴを引かない

お腹に力を入れる

②座る

前を見る

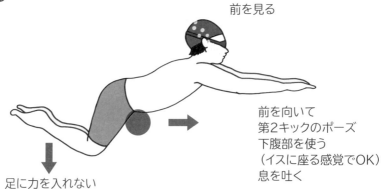

前を向いて
第2キックのポーズ
下腹部を使う
（イスに座る感覚でOK）
息を吐く

足に力を入れない

③立つ

第2キックの膝伸ばし
（蹴るのではなく、膝を伸ばす）
息を吸うと同時に腕を開く
次のおじぎに移る際に開いた腕を閉じる

姿勢矯正 きをつけキック

　息継ぎの姿勢を矯正するキック練習です。

　アゴ乗せができるようになったら次は、両腕の力を抜き、きをつけの姿勢でキックをしてみましょう。人魚が泳ぐときのイメージですね。

　第1キックから、腕の力を抜き、第2キックできをつけキックを行います。顔は前を向いたまま、下腹部を使って足を動かしましょう。

　上半身は高く、下半身は下になります。

　腰を反らせて前を向くと、膝が開いてしまいます。

　〇脚だから膝が開くと思っている人は、腰が反ることで足が上手く動かせていないことがあります。

POINT

- 無理に上体を起こさない
- 顔は前を向く
- 腰を反らない

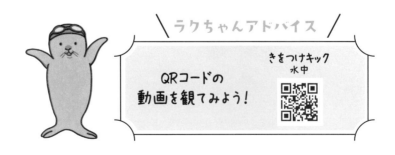

ラクちゃんアドバイス

QRコードの
動画を観てみよう!

きをつけキック
水中

38

①おじぎ

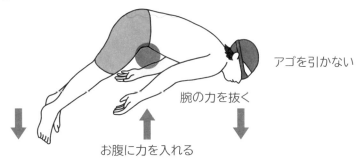

アゴを引かない

腕の力を抜く

お腹に力を入れる

②座る

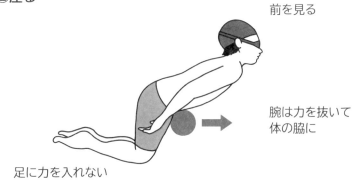

前を見る

腕は力を抜いて
体の脇に

足に力を入れない

③立つ

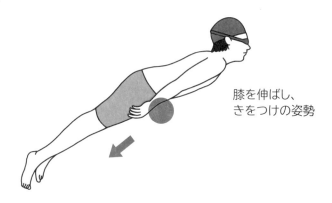

膝を伸ばし、
きをつけの姿勢

レッスン 3 ノーリカバリーラクフライ
姿勢矯正 両足下げキック

　第2キックのみの練習になります。

　第1キックのときは、腕は前に。

　第2キックのとき両腕を後方に水をかいて、②立つ（きをつけ）の姿勢で息継ぎになります。

　腕の動作はあくまで補助的な動作ですので、強く水をかかなくてOKです。

　きをつけキック・アゴのせキックでもできます。

POINT

- 座るポーズで両腕を前に
- 下腹部の力を抜かない
- 首は動かさない。水中で前を見る
- 足・腕の力は入れない

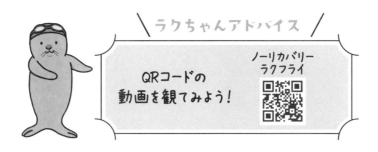

＼ ラクちゃんアドバイス ／

QRコードの
動画を観てみよう！

ノーリカバリー
ラクフライ

①座る

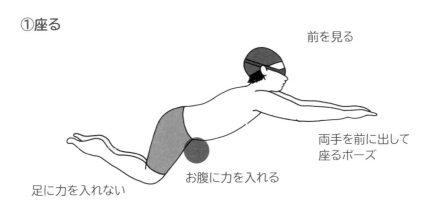

前を見る

両手を前に出して
座るポーズ

お腹に力を入れる

足に力を入れない

②立つ

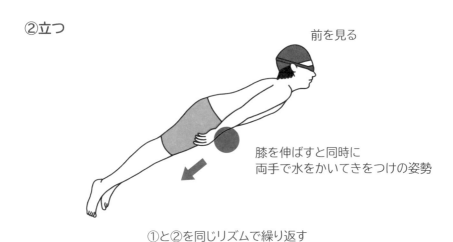

前を見る

膝を伸ばすと同時に
両手で水をかいてきをつけの姿勢

①と②を同じリズムで繰り返す

41

レッスン 4 プッシュラクフライ

　膝の曲げ方・曲げるタイミングを練習する方法です。

　水中で腕立て伏せをしながらドルフィンキックをするイメージです。

　腕立て伏せのポーズをして、①おじぎに合わせて腕立て伏せの動きをします。

　ヒジの曲げ伸ばしと膝の曲げ伸ばしのタイミングを合わせましょう。

　腕の曲げ伸ばしに合わせて、②座る（ヒジ曲げ）→③立つ（ヒジ伸ばし）息継ぎになります。

POINT

- ・キックを強く蹴らない
- ・腕を強く押さない
- ・腕を伸ばすときに胸を動かす

＼ ラクちゃんアドバイス ／

腕、上半身、キックのタイミングが大事だよ。QRコード動画を観てみよう！

プッシュラクフライ
第1キック

プッシュラクフライ
上から

①おじぎ

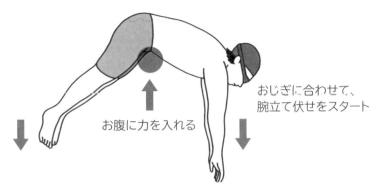

お腹に力を入れる

おじぎに合わせて、
腕立て伏せをスタート

②座る

前を見る

腕を曲げるタイミングで
膝を曲げる

足に力を入れない

③立つ

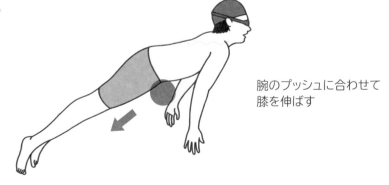

腕のプッシュに合わせて
膝を伸ばす

レッスン 5 ▸ 片手ラクフライ

　息継ぎの姿勢を矯正するキック練習です。

　クロールを練習している人は一度はやったことがある片手クロール。これをバタフライでやってみましょう。

　第2キックのときは、横向きになります。

　ラクロールの練習では、ローリングが入るので、息継ぎが横向きになる姿勢と同じになります。

　第1キック（①おじぎ）をしてすぐローリングを開始しながら膝を曲げる。息を吸うときに、第2キックをして、おじぎの姿勢に戻る。

　腕の動きと呼吸のタイミングを覚えたら、両手回しにするとラクフライが完成します。

POINT

- おじぎからゆっくりローリング
- 第2キックを強く蹴らない
- 息継ぎのとき、頭を上げない

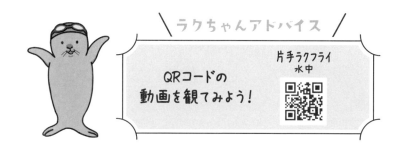

ラクちゃんアドバイス

QRコードの
動画を観てみよう！

片手ラクフライ
水中

①おじぎ

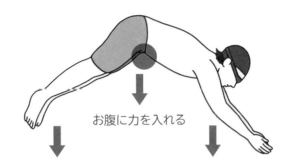

お腹に力を入れる

②右手で水をかきながらローリング

左手前

右手プッシュ

両膝を曲げて横向きになる

③横向きで第2キック

右側呼吸

両膝を伸ばす

左手前

脱力バタフライから泳ぎが変わった!

　泳ぐことが好きで、健康維持・ストレス解消のため、長い間、自己流でクロールを泳いでいました。

　自己流で泳いでいた当時は、華麗なバタフライはやはり憧れの泳法で、いつかマスターしたいとずっと思っていました。

　バタフライは、力強いドルフィンキックとスピーディな腕のかきで、それがマスターできればこの泳法ができると信じていました。そのイメージで、足と腕の力でバタフライで泳いでみたものの、思うようにはいきません。そんなときに、お会いしたのが馬場インストラクターでした。

　馬場さんの教えは、「脱力してラクにバタフライを泳ぎましょう」でした。まさに目からうろこです!
「脱力してバタフライ? 本当にそれで泳げるのですか?」と思うばかりでした。

　馬場さんはドリルレッスンの最中に、水中での身体の動き・手足の動きを模範演技して見せてくれます。

　それは本当に水中での静止画像であり、まさにコマ送りの動画のようです。

　浮力を自在にコントロールしながら、水と戯れながらバタフライを泳いでみせます。

　今まで自分が思い描いていたバタフライは、一体何だったのだろう。

　自分もぜひ、このようなバタフライを泳ぎたいと強く思いました。

　それからは、意識して次のことに取り組みました。

　力を入れないこと、深く潜ること、そして浮き上がるまで何もしないで待つことです。これがまた難しいです。

　どうしても身体に力が入ってしまい、水の中で思うように身体をコントロールできず、バランスが取れません。

　それでも何回か繰り返して練習していると、少しずつ、潜る・浮き上がるの感覚がわかってきました。

　そしてこの身体の動きができるようになると、次はそれに合わせて手と足をゆっくり動かすようにしました。

　そうすることで段々とバタフライのタイミングがつかめるようになり、力に頼らない泳ぎに近づいてきました。

　まだまだ自由自在に水中で身体をコントロールするという訳には行きませんが、今後もこの練習を繰り返して脱力バタフライを目指していきたいと思います。

　もちろんタイムを目指す競技のバタフライとは違う泳ぎです。いかに楽しくラクに泳ぐかを目指していく、もう一つ別の世界だと思います。それがさらに、「ラクして泳ぐバタフライ」が、他の全ての泳ぎにもつながっています。

　脱力を意識して身体を動かしていると、全ての泳ぎが変わってきます。

　バタフライ・背泳ぎ・平泳ぎ・クロールと泳ぎは異なりますが、四泳法とも身体から力を抜いた脱力した状態で泳ぐことができれば、肩・腰等のケガをすることもなく、そして泳ぎをいつまでも楽しめるのではないかと思います。水を相手のスポーツですが、力に頼らない泳ぎの世界があると思います。

　馬場さんの目指すラクロールがラクフライとなり、そしてそれがラクブレ・ラクバックにつながり、最終的にラクメドレーにつながるのを強く期待しています。

自分のラクな泳ぎに目覚めて

　私は馬場コーチのレッスンを受けるまで、バタフライで両手を回して前に顔を上げて呼吸できず25m泳げませんでした。

「第一キックで潜っていい、潜ったら浮いてくるまで待つ」という最初のご指導が、目からウロコでした。『潜っていいの？ オリンピック選手のように、水面をアメンボウのようにカッ飛んで行かなくていいの？？？』

　私は、たまたま潜るのが大好きで、「浮いてくるまで待つ」は、私にとっては好都合。ここから、バタフライ感が変わりました。

　最初は試行錯誤でした。浮いてくるまで待つタイミングが難しい。呼吸するのを焦って、浮いてきたつもりでも、実は両手でかいて思いっきり体を持ち上げている、だから苦しい、キックが弱いからか？と、力任せに蹴ると、今度は足がつり、うまくいきませんでした。

　いろいろドリルを教えていただき、ひたすらラクな方法を追求、試行錯誤の末、潜るタイミング、手は回すだけ、キックは水を押さえるだけ、スタートは浮いている姿勢からそっと、などなど、力を抜くコツとタイミングがわかってきて、25m以上ラクに泳げるようになりました。競泳選手のような、力強く速いバタフライは、私のような素人、筋力のない高齢者には無理です。頑張るのも苦しいのも苦手、可能な限り手を抜いて、タラタラと水の中で遊んでいる方がラクチン。馬場コーチの「それでいいんです」のお言葉に押されて今は、ダラダラデレデレ、フリーコースが空いている限り、200m個人メドレーを続けて5セット以上ゆっくり泳げるようになりました。

　時折り、同じコースを泳いでいる人から、バタフライで、なんでなかなか浮いてこないのか？ ずっと泳ぎ続けて、苦しくないのか？ など、質問されることがあります。実は、第一キックのあと潜っていいとのアドバイスから、勝手に水中でドルフィンキックを2、3回余計に打って、ズルして潜水してます。これは泳法違反だそうですね。（笑）

　他の種目も、水に浮いて、力を入れずに水とお友達になるつもりで泳いでいます。気をつけているのは、陸上と同じように息を長く止めずに少しずつ吐いてから吸うことです。

　呼吸が上手くできれば、苦しくなく泳げます。いえ、泳ぐというより水の中を漂っています。それがとても気持ちいいです。

　ラクフライが泳げるようになって、4種目を満遍なくラクに泳げるようになり、肩凝りも腰痛も無縁で、足がつることもありません。異なる泳ぎを伸びてゆっくり泳ぐことによって、全身のストレッチにもなり、私の健康維持に欠かせません。

　水泳は大会に出てタイムを追求するのもアリです。でも、頑張りすぎて身体を痛めては元も子もない、発想を転換して、頑張らない、自分のラクさだけを目指して楽しむスイミングもアリだと思います。馬場コーチのお陰で、今は「それでいい、それがいい」と、確信できるようになりました。

　今まで、私はスイミングレッスンを受けたことがありませんでした。私にとって、馬場コーチが唯一のコーチです。このご縁にとても感謝しています。

不思議なレッスン? でスイムが激変!

　若い頃に格闘技をやっていて、そこそこ体力があったので、バタフライの練習を始めたとき25メートルを泳げていましたが、ハアハアゼイゼイでした。

　バタフライってこんなに体力が必要な泳法なんだと、そのときは決めつけていました。

　たまたまジムで馬場先生がバタフライのレッスンをされていたので参加しました。

　参加してみると、こんな事がバタフライに必要なのかと思う謎のレッスンの数々、しかし、レッスン後半になるとだんだんバタフライの形になっていくという、なんとも不思議なレッスンで驚きました。

　今まで受けたことのない馬場先生のレッスンの魅力にはまり、それから馬場先生のプライベートレッスンも受講するようになりました。

　プライベートレッスンでも脱力と体幹が重要だという事を言葉だけではなく、いろんなレッスン方法で教えられている事に気づきました。

　ゆっくりと脱力した泳法だと体幹がしっかりしていないと水中でバランスを崩します。

　速くやみくもに泳いでいると、このような体のバランスに気づきませんでした。

　脱力して泳ぐ事によって体幹が鍛えられ、今では25メートルを速く泳いでも以前のように息が上がる事はありません。

　おそらく脱力して必要な時にだけ力を入れられるように
なったからだと思います。

　また馬場先生のバタフライのレッスンを受講してからク
ロールのストローク数も減り、ノーブレスで泳げる距離も以
前より伸びました。

「クロールができたらバタフライも泳げますよ。両手両足の
クロールですから」と、以前レッスンで馬場先生がお話しさ
れていましたが、その通りだと思います。

　バタフライが難しい、腰や肩に負担が掛かると思われて敬
遠されている人は、馬場先生の泳法を学ばれたらバタフライ
に対する考え方が変わると思います。

泳げなかった小学生が、
バタフライを泳げるようになった話

（馬場レッスン事例）

　お孫さんのいるお客さまが、孫を夏休みに泳げるようにしてほしいとのご依頼があり、夏休みの間、お孫さんのパーソナルをお受けすることになりました。

　小学3年生で1年前（2年生）までは、スイミングスクールで習っていたようですが、クロールの息継ぎ前で辞めてしまったとのこと。

　期間は短かったですが、スパルタ式ではなく、ラクロール式のラクに泳げるようなスイムをマスターできるように指導しました。

　驚くようなかなりのハイスピードで4泳法習得し、なんと、3回目のレッスンでバタフライ25mを泳ぐことができてしまいました。

　25mバタフライ完泳を見届けた利用者の人たちから拍手喝さいを浴び、本人はとても嬉しかったそうです。

　さらに、どんどん泳げるようになって水泳が好きになり、学校にプールがないにもかかわらず、自分が体験したレッスンを夏休みの自由研究として、絵と作文で発表してくれました。

　自由研究の参考書として、私の本「クロールがラクに泳げる！ラクロール」を読んで書いてくれたと聞いて、とっても嬉しくて感動しました。

　現在は、100m個人メドレーも練習しており、1回の練習で、700mぐらいを泳げる体力もついてきました。

レッスン内容

1回目

・左側呼吸クロール12.5m
・右側呼吸クロール12.5m
・背面キック12.5m

2回目

・左側呼吸クロール25m
・右側呼吸クロール25m
・背面キック25m

3回目

・左右両側呼吸クロール25m
・背泳ぎ25m
・バタフライ25m

4回目

・左右両側
　呼吸クロール25m
・背泳ぎ25m
・バタフライ25m
・平泳ぎ25m

5回目

・平泳ぎひとかき
　ひとけり有り30m
・クロール37.5m
・バタフライ25m
・背泳ぎ25m

6回目

・平泳ぎひとかき
　ひとけり有り50m
・クロール40m
・バタフライ25m→平泳ぎ
　で12.5m（37.5m）
・背泳ぎ25m

正しい姿勢をおさらいしよう！

普段の生活で、歩く動作を正しく行えていますか？
正しい歩き方は、姿勢と呼吸が大切です。
普段当たり前に歩いている動作こそ、姿勢と呼吸が正しくできているか、意識してみてください。

・腕と足が上手く合ってますか？
・右足と左足だと力の入り方が違いませんか？
・歩いているとき、腕が止まっていませんか？
・動いていても左右の動きに違いがありませんか？
・気がつくと姿勢が傾いていませんか。
・膝が外側に向いてガニ股になっていませんか？

力を入れる方に合わせないで、
力を入れない（力が弱い）方に
合わせると、動きが良くなるよー！

第 3 章

クロールの世界

クロールを深く知ることで、楽しく泳力を
アップしていきましょう♪

ラクフライの
体の使い方ができれば、
クロールの泳ぎ方が
良くなるよ！

もっとクロールを知ろう！

ラクフライからラクロールへ

　初心者用のラクロールでは一般的なクロールとラクロールの違いについての説明と、ラクロールの基本姿勢と呼吸の仕方についてお伝えしてきました。

　ラクロール初級編では、25m以上を泳げる人を対象に、前篇でラクフライをマスターすることで、ラクロールで左右対称なバランスの良い動作とタイミングをしっかりと掴めるようになっていきます。
　バタフライは、左右対称の動作でタイミングをとる種目です。
　まずはタイミングをとり、姿勢・呼吸が合うかどうかが大事です。それをラクフライに変えることで、力任せのバタフライではなく、ゆっくりタイミングをとれるラクフライに変えることができれば、初心者ラクロールから初級ラクロールにバージョンアップできます。
　ですので、ラクロールだけで良いと考えずに、ぜひラクフライもマスターしてくださいね。

　また、25mを折り返すときに必要なタッチターンも、ラクに長く泳ぐための基本動作がありますので、こちらもしっかりとマスターしてください。

ラクフライからラクロールで
バランスの良いスイム♪

赤ちゃんの『はいはい』

　クロールは、英語で「crawl」と書きます。

　crawl は、「(腹ばい・四つんばいになって)、はう」、「赤ちゃんがハイハイする」という意味でも使用されます。クロールの泳ぎ方が腹ばいで進んでいるような動きから、"crawl"と名づけられました。

　水泳の自由形は、競技規則ではどの泳法で泳いでも良いのですが、速さを競うとなると一番速く泳げるクロールになりますよね。まれにバタフライでやる人もいます。

　赤ちゃんのハイハイも、色々(自由形)です。動きたいと思ったラクな動作をとりながら自然なハイハイをしますよね。

　ハイハイ＝freestyle(フリースタイル)＝自由形

　自由形だからこそ、【クロール＝ラクロール】に変えて自由にラクに泳ぎましょう。

【自由形の基本的なルール】

- 途中で立つのはOK
  ただし、歩いたり底を蹴ったりしてはいけない
- コースロープに触れてはいけない
- スタートやターン直後の15m以外は、体の一部が水面上に出ていなければいけない

ラクロールやラクフライでも
水泳大会に参加できるよね！

クロールの正式名称

みなさんが泳いでいるクロールの正式名称、知ってますか？
「**コンティニュアスクロール**」といいます。

コンティニュアス 〔Continuous〕、連続的なとか、絶え間のないという意味です。

クロールの動作が、前方に伸びる腕と後方に水を押していく腕に分かれながら連続した腕の動きになるのでコンティニュアスクロールといいます。

前方の腕と後方の腕がほぼ反対の動きをするので左右対称の動きになります。

コンティニュアスクロールで泳ぐ目的
- 短距離のスピードアップ
- 長距離をピッチ（テンポ）で泳ぐ

泳ぎ方の目的を知って、自分の目指すスイムの向上につなげていきましょう。

「短距離のスピードが上がらない」、
「疲れて長距離が泳げない」
こんな人は、
コンティニュアス(連続的な動き)に
なってないよ♪

歩く動作が大切

　連続する動作で一番大切なことは、リズムです。

　コンティニュアスになっていない動作とは、

・右腕・左腕が違う動きになっている。

・前に両手が揃う

　（キャッチアップクロールになっている　※P.60参照）

　どちらも、リズムが合っていないことになります。

　リズム感がないという人もいますが、リズム音痴な人でも大丈夫です。

　自分が歩くときのリズムに合わせれば良いだけです。

　歩くとき、両手が前もしくは、両手が後ろにならないですよね。まずは、歩くリズムを泳ぐリズムにして練習してみましょう。

　次に、練習用クロールとしてよく行われるキャッチアップクロールについて解説していきます。前方に伸びていた片手に追いつき両手が前方になるタイミングの泳ぎをいいます。

　次のページでは、クロールとラクロールの２つのキャッチアップについて見ていきましょう。

テンポが良い
クロールは歩くリズム♪

キャッチアップクロール

言葉の意味は、「追い付く」「追いかける」になります。
右腕が前にある場合、左側の腕が前にある右腕に追いついてから、右腕を動かすクロールです。

①前を見て、両手を前に揃える
②水をかくとき、片方の手は前に残したままにする
③水をかいた手が、前に残した手に揃うようにする
④左右同じ動作を繰り返す

メリット
片腕ずつ意識した動きができる
ゆっくりな腕回しの練習ができる
息継ぎが合わせやすい
進むスピードをゆっくりにしやすい

デメリット
形にとらわれすぎて力が入りやすい
キックする意識を忘れる。キックをやりすぎる
リズムがとりにくい
腰・足が沈む

初心者・初級者には
練習しやすいクロールだよ♪

①両手を揃える

前を見る

両手を同じ深さにする

②前の手を残したまま水をかく

前を見る

③水をかいた手を
　残した手に揃える

前を見る

両手を同じ深さにする

④反対の手も同じ動作を行う

前を見る

ラクロールのキャッチアップ

　基本動作は、クロールのキャッチアップと同じです。

　キャッチアップクロールに関わらず、ラクロールは腕や足の力は抜いてください。

　水中では、前を見て、息をしっかり吐くことで、下腹部に力が入り、手足の力が抜けた状態でもローリングが安定します。

　・なかなか息継ぎのタイミングが合わない
　・25mですぐ息が上がってしまう

　このような人の練習として、ラクロールのキャッチアップを行うと良いです。

　またリズムがないキャッチアップクロールをやってから、リズムがあるコンティニュアスクロールをやってみても良いと思います。

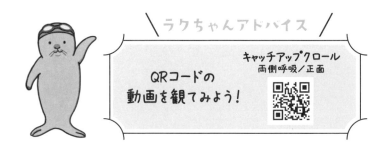

ラクちゃんアドバイス

QRコードの
動画を観てみよう！

キャッチアップクロール
両側呼吸／正面

①両手を揃えて前を見る

両手を同じ深さにする

②水をかきながらローリング

前を見る

腰からローリング

③回した手を前の手に揃える

前を見る

両手を同じ深さにする

④反対の手も同じ動作を行う

前を見る

腰からローリングする

タッチターン

　25mが泳げるようになったら次は、50mに挑戦です。
そうなると、Uターンしなければなりませんね。
　まずは、基本のタッチターンを覚えましょう。
　ターンは、右側通行になります。
　コース右側を泳ぎ戻ってくるときも右側を泳ぐようにします。
コースの真ん中を泳ぐと折り返ししてくる人にぶつかりますよ。
　タッチターンは、クロール・平泳ぎ・背泳ぎ・バタフライ、
どの種目での折り返しに使っても良いです。

　ターンの競技規則として、
・体の一部が壁に触れてなければいけない
・ターンをしてから15m以上は、潜水キックをしてはいけ
　ない
・壁を掴んで体を引っ張ってはいけない

　以上のルールがありますので、大会に出る人はこの３つの
ルールを守って練習しましょう。
　ちなみに、バタフライと平泳ぎは、両手で壁をタッチしな
いとダメです。クロールと背泳ぎは、タッチターンの場合は、
片手タッチでOKです。

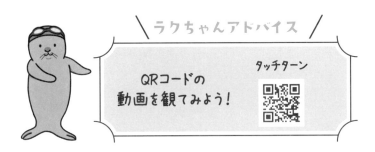

ラクちゃんアドバイス

QRコードの
動画を観てみよう！

タッチターン

　ターンは、膝を引く動作と重心移動になります。

　膝を引く動作は、ラクロールやラクフライのキックと同じ動作になります。

　ラクフライの膝を曲げる（キック）ができれば、スムーズにターンできるようになります。

　ターンは横向きになるので、ラクロールのサイドキックや片手ラクフライ（P.44、45参照）の横向きでの息継ぎのときと同じポーズになります。

　身体が反っている人は、ターン時に身体を丸くして向きを変えることが難しいので、下腹部を使って体が反らない姿勢を意識してください。

　また通常のターンをして、まっすぐ下向きで壁を蹴るように教わっている人も多いかと思いますが、バタフライ・平泳ぎ・背泳ぎは、それで良いでしょう。

　クロールは、水中で斜め向き（むしろ横向き）の方が、はじめの腕回しがしやすいです。

ラクロール、ラクフライの動作がターンと同じ形になるんだね！

①横向きでタッチ

壁を掴んで引っ張らない

②膝を引く（重心移動）

お腹をへこませて、壁に膝を寄せる

③重心を下げる

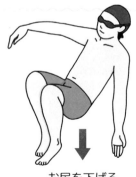

お尻を下げる

④腕を上げて回す

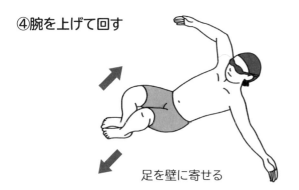

足を壁に寄せる

⑤壁を押し出すように蹴る

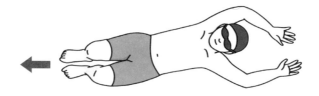

⑥体を水面と並行にする

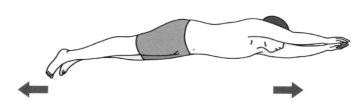

壁を蹴りけのび姿勢をとる

安全なターンとは

　ターンは、なかなかレッスンで習わないですよね。

　上手く壁を蹴れるようになると、スピードにものりカッコいいターンに見えるので、ぜひ、カッコいいターンができるように練習してみましょう。

　初心者は、ターンをしたときに下を見ずに、後続者が泳いできてないか気をつけましょう。

　効率的にスピーディーにと考えるとターンの際に前を向くことで水の抵抗を受けますが、初心者は下を向いてターンすると右側に行っているようで行ってないことがあります。

　ぶつからないようにするには、5mラインを越えたら斜め左側に寄っていきましょう。

　折り返し右側から壁を蹴るとターンしやすいです。

　右側に進むことに慣れていない人は、後続者にぶつかったり、ぶつけられたりする可能性があります。

　お互いが痛い思いをしないように、マナーを守りながら気持ちよく泳げると良いですね。

右側通行

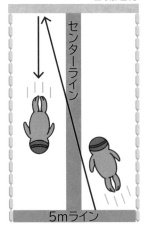

- センターラインとコースロープの真ん中を泳ぐ
- 5mラインを超えたら斜め左に寄っていく
- 後続者がすぐ後ろに接近している場合は、立ち止まり、先に泳いでもらう
- センターラインとコースロープの真ん中を泳ぐ

安全な
ターン動画

第 4 章

ラクフライから
2（ツー）ビートへ

ラクフライができれば、2ビートのキックは簡単！
長距離クロール、さらにオープンウォーター、
トライアスロンスイムに応用してみよう！

ラクフライの感覚を
忘れずにラクロールを
泳いでみよう！

2ビート

2ビートとは

　右手1回・左手1回で1ストロークとし、その1ストロークの間で2回キックすることを2ビートと言います。

　通常のクロールのバタ足は、1ストロークで6回キックするので、6ビートになります。

　スピードをキック数によって変えることで、2ビートはゆっくり、6ビートは速いクロールになります。

　練習会やコーチに『もっとゆっくり泳ぎましょう！』とよく言われる人は、ぜひ2ビートを覚えてください。逆に2ビートがなめらかにできる人は、バタフライも上手です！

　2ビートが上手くできるようになると、キックがなめらかになるので、普段から足に力が入ってしまう人は特におすすめのトレーニングです。

　なめらかにとは、足だけの動きではなく、下腹部から動かすとなめらかです。足だけで動かすと足がつります。

　なめらかなキックができるとラクフライです！

　ラクフライのキックをクロールでやるとラクロールがバージョンアップします。

　もっと長く、ラクに泳げるようになります。

　相乗効果が得られるので、合わせて修得していきましょう。

2ビートは長距離トレーニング

　ウエットスーツを着用して泳ぐことが多い人、トライアスロンやオープンウォータースイミングなど長距離を泳ぐ人にとっては、最適なトレーニングです。

　ただし、デメリットとしては、

・スピードを上げるには、**筋力が必要**
・強くキックすると**足がつる**
・タイミングやリズムを合わせないと省エネにはならない
・2ビートをメインで泳ぐと息は上がりにくいので心肺機能の向上はゆるやかになる
・心肺機能を向上させるには、ある程度のスピードでやらないといけない

　以上のことを踏まえ、2ビートだけではなく、バタ足の練習も取り入れて、スピードアップと心肺機能を高めるトレーニングを合わせると効果的です。

2ビートのメリット

・ゆっくり泳げる（長距離向き）
・キック数が減るので、足の負担が減る
・タイミングやリズムを合わせるので息が上がりにくい

2ビートをやってみよう

　腕を1回まわしたときに、1回キックをする。
　これを繰り返すと2ビートになります。
　右左腕を回しながら2回キックですね。
　通常のクロールよりキックの回数が減るので、いかにしなやかにキックできるかの練習になります。
　しなやかな・滑らかなキック動作は、ラクフライの【座る・立つ】の動作（P.20、21参照）を習得すると、2ビートがやりやすくなります。両足キックを片足キックにするだけです。

2ビートクロール
　①前方左手が入水するときに、右足でキックする
　②前方右手が入水するときに、左足でキックする

歩く動作と一緒です
　後方に腕を動かす(プッシュ)側で考えると
　①後方右手がプッシュするときに、右足でキックする
　②後方左手がプッシュするときに、左足でキックする
　どちらも気をつけるポイントが違うだけで、同じ動作の2ビートクロールです。
　2ビートで泳ぎたい人はこちらが良いですね。

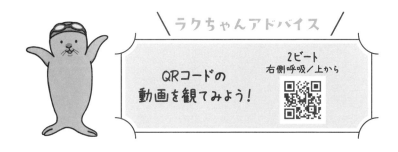

ラクちゃんアドバイス

QRコードの
動画を観てみよう！

2ビート
右側呼吸／上から

①左手前

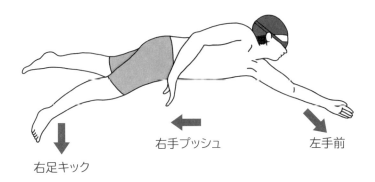

右足キック　　右手プッシュ　　左手前

②右手前

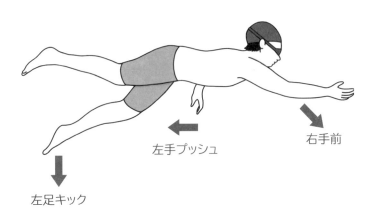

左足キック　　左手プッシュ　　右手前

2ビートの息継ぎ

　キックに合わせて息継ぎをしましょう。

　キックが合わない／バタ足になる／足が止まる／

　全てキックより息継ぎを速くしようとしているからです。首ふり・腕回しが、足の動きより速いことが原因です。

　ランニングでいうと、足はウォーキングペースで腕をブンブン動かしている感じになります。

　2ビートはゆっくり泳ぐことに適していますので、腕も息継ぎもゆっくりにする必要があります。（息継ぎのときの首ふりはあまりやる必要はありません）

　どうしてもタイミングが合わない人は、キックをしてから息継ぎをしてみましょう。遅いということもなく、慌てず息が吸えますよ。

　息継ぎで沈む／顔が出ない／水を飲む／鼻に水が入る／

　このような人は、以下のことに注意してみましょう。

　①水中で前を向く　　②水中で息を止めない

　③手は下げる　　　　④お腹に力を入れ腰を反らさない

　⑤膝を曲げたキックをする

＼ ラクちゃんアドバイス ／

QRコードの
動画を観てみよう！

2ビート右側呼吸
水中

2ビート左側呼吸
水中

ラクフライの第2キックを応用する

　2ビートをオーバーアクションにするとラクフライの第2キックになります。

　第2キック(両足キック)を2ビート(片足キック)にする。腕も両手回しが交互の片手回しになればクロールですね。

　ラクフライでいうと第2キックは、顔をしまい息を吐くところ。第1キックは、息継ぎをしまうところ。

　バタフライはしっかりキックしますが、ラクフライは膝の曲げ伸ばしなので強いキックにはなりません。

　むしろキック（蹴る）というよりタイミングをとったり、姿勢が崩れないようにする目的ととらえると良いと思います。

2ビートラクロール

ラクロールを2ビートで泳いでみましょう。

息継ぎをするときラクロールは、体の向きが横向きなので足もキックするときは、横向きになります。

2ビートだと息継ぎする方（横）にキックすると息継ぎがしやすくなります。

左右呼吸（3回に1回で呼吸）をする場合のキックは、①下 ②下 ③横の順にすると息継ぎがしやすくなります。

息継ぎするときに下にキックする方がスピードは出ますがその分、初心者は息継ぎが難しくなります。

もっと速く泳ぎたいのであれば、バタ足でのクロールの方がスピードがでます。

POINT

- 息を吐き続ける
- キックは①下 ②下 ③横
- 強く蹴らない

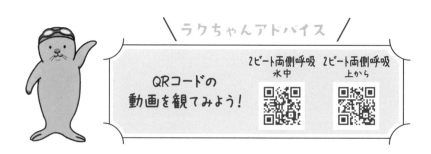

ラクちゃんアドバイス

QRコードの
動画を観てみよう！

2ビート両側呼吸
水中

2ビート両側呼吸
上から

①下にキック

左手前

右手プッシュ

右足キック

②下にキック

右手前

左手プッシュ

左足キック

③横にキック

左手前

右手プッシュ

右足キック

片手ラクフライから2ビートへ

　p44の片手ラクフライ（両足キック）から、片手2ビート（片足キック）をやってみましょう。（③④の動画を参照）これができれば、後は回していない方の腕を回すだけで（⑦⑧の動画を参照）、片側毎回呼吸の2ビートラクロールの完成です。

POINT

- 息継ぎをしているときのキックは、横にキック
- 息継ぎをしていないときのキックは、下にキック

①～⑧の動画の泳ぎができるようになると
2ビートラクロールがスムーズに泳げるようになります。
動画を参考に練習してみましょう。

①右片手2ビート

②左片手2ビート

③3回右片手ラクフライ
から右片手2ビート

④3回左片手ラクフライ
から左片手2ビート

⑤3回右片手2ビートから
右側毎回呼吸2ビート
トラクロール

⑥3回左片手2ビートから
左毎回呼吸2ビート
ラクロール

⑦3回右片手ラクフライか
ら3回右片手2ビートから
右側毎回呼吸2ビート
ラクロール

⑧3回左片手ラクフライか
ら3回左片手2ビートから
左側毎回呼吸2ビート
ラクロール

片手ラクフライからスタート

①両手を揃える

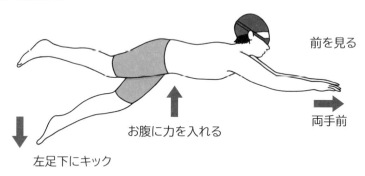

前を見る

両手前

お腹に力を入れる

左足下にキック

②右手で水をかきながらローリング

右手プッシュ

両膝を曲げて横に向く

左手前

③横向きで右足で横にキック

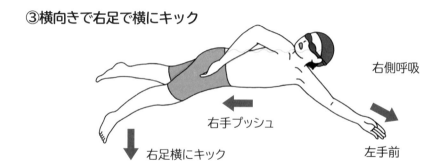

右側呼吸

右手プッシュ

右足横にキック

左手前

海とプールの違いを知ろう

浮力の違い

　海水によって塩分濃度が高くプールより浮きます。

　トライアスロンでは、ウエットスーツを着用するので更に浮きます。そのため、浮きすぎてプールでの泳ぎ方では上手く泳げない人もいます。

　また、ウエットスーツのサイズが合っていないと泳ぎにくいです。サイズがキツイと、腕が回しにくい、呼吸が苦しい。

　ブカブカだと、擦れて首回り・脇回りが痛くなります。

　レース前に一度ウエットスーツを着て泳いでみましょう！

集団でのスタート

　水泳大会は1人1コースですが、海のレースは集団でのスタートになります。

　スタート時の混戦では特に、相手とぶつかるなど接触することもあります。プールではなかなかないですが、海ではあることを認識しておきましょう。

　ぶつかりたくない人は、あえて後ろからスタートしています。

　オープンウォータースイミングのレースの場合、全員が最短距離で第1ブイに進みたいと思っています。

　初心者は、混戦を避けるため少しズレた位置でスタンバイすると良いでしょう。

蛇行しやすい

　プールではコースロープがあるので、まっすぐに進めると思いますが、海では潮の流れや波があるので、直進して泳いでいるつもりでも、蛇行して前に進んでいないことがあります。

　そうならないためにも、前方を確認しやすいラクロールの姿勢・頭の位置を覚えて海に挑戦してください。

　特に岩場の近くは、波が岩に打ち寄せるので、どんどん岩場の方に寄って行ってしまいます。

　岩に接触するようなことがあると、怪我をして出血の恐れもありますので、十分注意しなくてはなりません。なるべく岩場近くを泳がないようにしましょう。

　どうしても前方確認が難しい人は、平泳ぎの息継ぎの方法でやってみると、周囲が良く見えますのでオススメです。

他人のペースに自分のペースを乱される

　緊張しているのもありますが、集団でのスタートは周りの人たちの勢いにつられてしまい、始めから頑張りすぎてしまうケースがあります。

　そうなると、すぐに呼吸が荒くなりスタート直後から苦しくなってしまいます。また、速い集団に巻き込まれて水（海水）をたくさん飲むことにもなりかねず、かなりきつい状況になります。

　初心者は、速い人たちが先に行ってからスタートしましょう。

トライアスロンなどの
競技スイムにとって大切なこと

　よく、「トライアスロンはスイムだけではなく、バイク・ランニングがあるから、足を使わないで、腕だけで泳ぐ！」という人がいますが、強く蹴らないキック（疲れないキック）の習得をしてほしいと思っています。

　トライアスロンなどの競技にとって大切なことは、目指すところにまっすぐ泳ぐことです。
　そのためには、キックで推進力を！ということではなく、姿勢を崩さないためのキックを習得することが不可欠だと思います。
　スイムが苦手な人は、まっすぐ泳げないことで、かなり距離をオーバーしています。

　同じ長距離でも海で泳ぐオープンウォータースイミングは、ウエットスーツの着用義務がありません。もちろん水着なので、バタ足もしやすいです。

　バタ足だけの練習は、スピードアップ練習としてではなく、バランス強化として取り組んでいければと思います。
　ゆっくりしたバタ足で良いので、目標距離がキックだけで可能か練習してみてください。

ヘッドアップスイム

　ネーミングのとおり、水面から頭を上げて前を見る泳ぎ方です。

　海などで長距離を泳ぐ場合、まっすぐ泳いでいるか、正しい方向に進んでいるのかを確認するテクニックです。

　トライアスロン・オープンウォータースイミングなど海のレースに参加する人は、かならず必要なテクニックになります。

　水中から顔を出し進行方向の確認をしながら泳ぐので、顔を出すタイミングが難しく、普通に泳ぐよりも体力を使います。

　また、トライアスロンスクールなどで練習している人もいるかと思いますが、ヘッドアップの練習の割合は少ないのではないでしょうか？

　ラクフライの練習を取り入れることで、ヘッドアップの練習にもなります。

　通常のクロールでのヘッドアップは無理をすると、首痛／腰痛／肩痛／になる可能性が高いのです。

　ラクフライはヘッドアップする泳ぎ方なので、自然とヘッドアップの練習にもなります。ぜひ、トレーニングの一環として取り入れてみてください。

2ビート&ヘッドアップ

　レースでは、最初から最後まで2ビートのタイミングに合わせてヘッドアップを行う必要はありません。

　周りに人が多くいたり、前方や横に人が泳いでいるのであれば、方向は合っていると思ってヘッドアップの回数を減らした方が体力の消耗を抑えられます。

　ただし、この集団にいたら大丈夫ということではなく、集団ごとに方向がずれていることもありえます。

　近くを見るだけでなく、なるべくレース全体を把握できるようなヘッドアップができることが大切です。

　初心者は、できるだけ集団の後ろにいた方がラクに泳ぐことができます。

　なぜならば、前泳の水流ができることで、ひっぱられる作用が働くからです。

　ただし、水流ばかりに気をとられていると、前の人にくっつきすぎてキックで蹴られたり、バタ足のしぶきで水を飲んでしまうことがあります。できるだけ、前の人の斜め後ろを泳ぐようにしましょう。

　また、右側呼吸がメインの人は、右側に前泳がいると息継ぎのときに確認しやすいです。

　ラクロールで泳げれば、水中でも前向きですので、右側呼吸がメインな人も、水中で左側の方も確認できることになります。

　私がレースに参加したときよく見る傾向として、ヘッドアップする前に下を見ながら泳いでいて、勢いよく前を見る人がいます。

　またレース前にたくさん練習したのか、首にシップをつけている人も見たことがあります。
　おろらく、ヘッドアップするときに水中から勢いよく顔を出したり、水中で下を向いているため、左右の確認を首を動かしてやっているために痛めたのだろうと思います。

　ヘッドアップは、顔を全て出さずに、ゴーグルまで出ればOKです。
　また、息継ぎをするためではなく、あくまで前方確認として行ってください。

　ラクロールで泳ぐように、水中で前を向いて泳げるのであれば、ちょっとだけ顔を上げれば、十分前方確認ができます。
　水中で前を向くのが難しい人はぜひ、ラクロールを練習してください。

ラクロールが泳げれば、
ヘッドアップスイムも簡単♪

2ビートクロールのヘッドアップ

ヘッドアップと右側呼吸を交互にする方法

①左手プッシュ

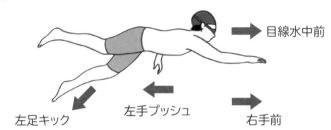

目線水中前

左足キック　左手プッシュ　右手前

②ヘッドアップ

ヘッドアップ
（水中からゴーグル
まで出る）

右足キック　右手プッシュ　左手前

③左手プッシュ

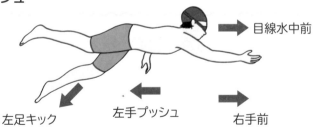

目線水中前

左足キック　左手プッシュ　右手前

④右側呼吸

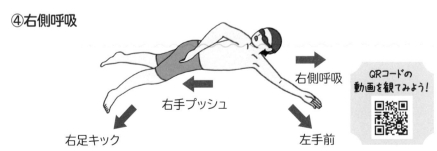

右側呼吸

右足キック　右手プッシュ　左手前

QRコードの
動画を観てみよう！

ヘッドアップと左側呼吸を交互にする方法

①右手プッシュ

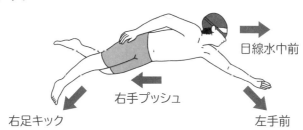

目線水中前

右手プッシュ

右足キック

左手前

②ヘッドアップ

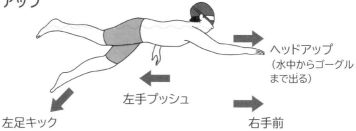

ヘッドアップ
（水中からゴーグル
まで出る）

左手プッシュ

左足キック

右手前

③右手プッシュ

目線水中前

右手プッシュ

右足キック

左手前

④左側呼吸

左呼吸

左手プッシュ

左足キック

右手前

QRコードの
動画を観てみよう！

ドルフィンスルー（イルカ飛び）

　向かってくる波に対して、波の下へ潜ってかわし、沖へ出るテクニック。

　トライアスロンやオープンウォータースイミングのレースで、波が高いときにドルフィンスルーができるとかなり体力の消耗をおさえられます。

　波の下に波はないので、おもいきって潜ると波の向こうへ出られます。

　潜らないと直接顔や身体に波を受けるので進めないだけでなく逆に戻されるかもしれません。

　潜る動作といえば、バタフライ！

　バタフライを練習しているとかなり上手にできます！

　ラクフライでは、「おじぎもぐり」ですね。

　ぜひラクフライを覚えて、ドルフィンスルーで波とお友達になりましょう！

波の下を潜って泳げるなんて、
まるでぼくらと同じだね♪

上は波の力が強い！

下は波の力が弱い！

トライアスロン／オープンウォーター
重要ポイント
初心者は集団の後ろで泳ごう！
前の人の斜め後ろがベストポジション
ヘッドアップはゴーグルがでればOK
なにより絶対に無理はしない！

きっかけはトライアスロン

　馬場コーチのレッスンを受け始めたきっかけは、トライアスロンに参加するためです。

　子供のころから運動が大好きでどんな競技もわりとすぐにすんなり楽しめるようになるのに、なぜか水泳だけはまったく上達せず、唯一苦手な競技でした。

　そんな私なのに40代後半のときに他の競技の仲間から「トライアスロンやろうよ」と誘われました。

「泳げない人を泳げるようにする魔法使いみたいなコーチがいるから一緒に練習に行こう」と熱心に誘われて、初めて馬場コーチのプールレッスンに参加しました。

　今までやった事のない不思議な練習メニューを体験して、初めて「水の中って楽しいな」と感じました。

　海で泳げるようになるためにまずはプールレッスンに通うことにしました。そのときに力の抜き方と体の使い方を根本から変えてもらいました。

　プールで泳ぐことに少しずつ慣れてきたころに海でのレッスンも参加しました。

　波打ち際をハイハイで進むことから始まり、いつの間にか多少の波でも落ち着いて泳げるようになっていたのが印象的です。

　初めてのトライアスロンも無事に完走できました。
「疲れたり怖くなったりしたらダルマ浮きになればいいよ」

とアドバイスされていましたが、ダルマ浮きにならずに泳ぎ
切れたのがとても嬉しかったです。

　完走したことで、海で泳ぐ楽しさに惹かれて、アクアスロ
ンやオープンウォータースイミングにもどんどん参加するよ
うになりました。

　馬場コーチのオープンウォーターのレッスンに参加するこ
とで一番の変化は蛇行しなくなった事です。
　最初のうちはクネクネ泳いでいることにすら気づいていま
せんでした。
　レース中は馬場コーチの教えを思い出します。
　お腹の使い方・顔の向き・キックの仕方。レッスン通りに
すれば落ち着いてヘッドアップもできます。
　最近は泳いでいる間に周りの景色も楽しめるようになりま
した。大きな変化です。
　馬場コーチの海錬に参加してよかったなあ、といつも思い
ます。
　大会で泳ぐ距離を少しずつ伸ばしていき、昨年はオープン
ウォータースイミングで3,000mを完泳できました。
　そんなに長い距離を泳いでも体のどこも痛くないし、呼吸
もハーハーしない。馬場コーチの「ラクに長く泳ぐ」を体感
できています。
　今の目標は「80歳までトライアスロン。100歳まで泳ぐ」
です。これからもラクに泳げる泳ぎ方を続けていこうと思い
ます。

初級・中級者のためのスイム練習

　トライアスロンやオープンウォータースイミングは、基本クロールで泳いでいます。
　クロールだけ習得すれば良いんじゃないか？ という疑問が生まれます。

　子供のころから水泳教室に通っていてかなり泳げる人でしたら4泳法が泳げるので、おそらく4泳法を練習に取り入れていると思います。
　理想としては、【メインのクロールを7割／他の3泳法を3割】
　まずは、ウォーミングアップ・クールダウンを他の3種目でやってみましょう。
　クロールだけ練習していてなかなか上手くならない。すぐ息が上がる。長く泳げない。肩や腰が痛くなるなど、問題点を他の3種目が改善してくれます。

　平泳ぎができる人は、平泳ぎで肩が痛くならないですよね！平泳ぎの要素が入っているクロールをやれば良いことになりますね！

　背泳ぎができる人は、顔が出ていますので苦しくならないですよね！背泳ぎの要素が入っているクロールをやれば良いことになりますね！

第 5 章

プールストレッチ

浮力を使ったラクラク♪ストレッチ
関節痛の軽減、疲労回復、血行促進、姿勢矯正
準備体操の一環としてやってみましょう!

水中ストレッチの重要性と効果

足がつったときの対処法

水の中で気持ちよ〜く
伸ばしていこう♪

水中ストレッチの重要性と効果

泳ぐ前の準備運動が大切

　一番の利点は、浮力があるので足が上がりやすいことです。

　体重が重い・運動が苦手・筋力が弱い、そういった人でも陸上ではできないようなストレッチができたり、水泳寄りなストレッチも可能です。

　特に下半身のストレッチがしやすいです。できるだけ丁寧にゆっくり行うとリラックスした泳ぎにつながります。

　また、わざわざジムストレッチエリアでストレッチをしてからプールに行く手間も省けます。

　時間が少ない人は、プールの中でストレッチをしてすぐ泳ぎに移れるのも魅力ではないでしょうか。

　運動不足の人が、いきなり泳ぐのはかなり危険な行為です。

　関節を痛めたり、上手く身体を動かせず溺れる恐れもあります。

　すぐ息が上がり苦しくなるのも、準備運動・ストレッチを泳ぐ前に入れていくことで緩和できます。特に久しぶりにプールに入る場合は、よく準備運動・ストレッチをしてから泳ぎましょう。

　時間がない人は、水中ウォーキングとストレッチを合わせると一石二鳥ですね。

柔軟性の向上・関節痛の軽減

　普段デスクワークが多い人や関節痛がある人は、いきなり泳がないで水中ストレッチから行いましょう！

疲労回復

　疲れているときは、水中でストレッチだけでもプールに来てください。泳ぐだけではなく、リラックス目的で！

血行促進

　水中でストレッチをすることで血行が良くなり、足がつらないバタ足ができるようになりますよ！

姿勢矯正

　体幹（腹部）を使いながらストレッチをするので腰痛・肩こりも良くなります。
　姿勢が悪い、体が痛いままで泳いでも、体に良くありません。

いつも頑張っている人ほど、
水中ストレッチが必要かもね♪

レッスン 1 レッグカールストレッチ1

太ももの前のストレッチ

できるだけ肩まで水に入って行います。

猫背や腰を反らないように姿勢を正し、しっかり前を向きましょう。

足を後ろに上げるときに手で引っ張らないようにします。

曲げた膝を下に下げるようにすると太ももの前が伸びます。

床にある足は、腹部に力を入れて膝を曲げ、ふくらはぎに力が入らないようにします。

水の抵抗があるので、自分のペースで無理なく行いましょう。

POINT

- 顔は前を見る
- 腰を反らない
- 足を上に引っ張らない

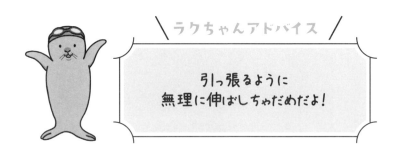

ラクちゃんアドバイス

引っ張るように
無理に伸ばしちゃだめだよ!

①後ろで足を持つ

手で上に引っ張らない

②足を持っていない方の手を
　前に伸ばす

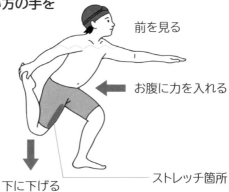

前を見る

お腹に力を入れる

ストレッチ箇所

下に下げる

太ももの前のストレッチ

反対の腕に変えると
脇腹も同時にストレッチ

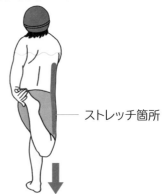

ストレッチ箇所

レッスン 1 レッグカールストレッチ2

太ももの前のストレッチをしながら
胸・肩も同時にストレッチ

レッグカール1を両腕で行います。

両腕で行うことで肩甲骨が寄ります。

肩甲骨が寄ることで胸が開きます。

猫背気味の人は、ぜひやってみましょう。

勢いよく行うと、アゴが上がったり、腰が反ったりするのでゆっくり行ってください。

POINT

- 顔は前を見る
- 胸を開く
- 腰を反らない
- 足を上に引っ張らない

\ ラクちゃんアドバイス /

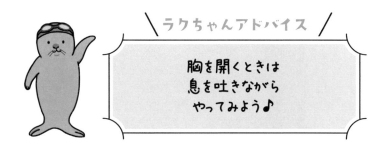

胸を開くときは
息を吐きながら
やってみよう♪

①お腹に力を入れて片足で立つ

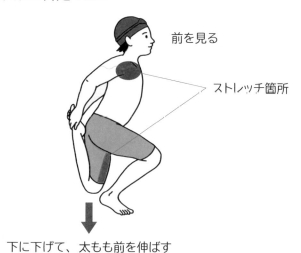

前を見る

ストレッチ箇所

下に下げて、太もも前を伸ばす

②肩甲骨を寄せて胸を開く

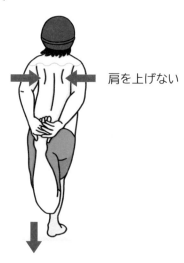

肩を上げない

レッスン 2 ニーアップストレッチ

お尻・太ももの後ろのストレッチ

　できるだけ肩まで水に入って行います。

　水中で片足を上げ、両腕で膝を抱えるようなポーズをとります。下腹部を使い片膝を上げます。

　お腹に力を入れて水中バランスも意識しましょう。

　お尻が後ろに出ないように、姿勢に注意しましょう。

POINT

- 腹筋を使って片膝を上げる
- 太ももが上がるくらいでOK
- 床についている足は膝を曲げて水中でのバランスを意識する

呼吸ポイント

- 膝を抱えるときに息を吐く
- 足が床につくときに息を吸う

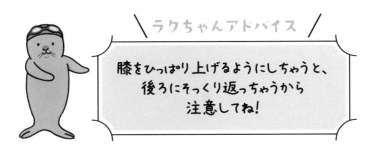

ラクちゃんアドバイス

膝をひっぱり上げるようにしちゃうと、
後ろにそっくり返っちゃうから
注意してね!

良い例

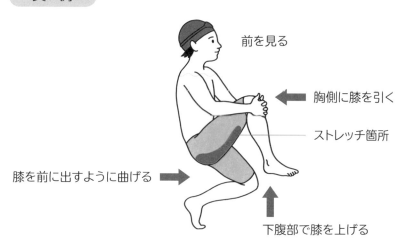

前を見る

胸側に膝を引く

ストレッチ箇所

膝を前に出すように曲げる

下腹部で膝を上げる

悪い例

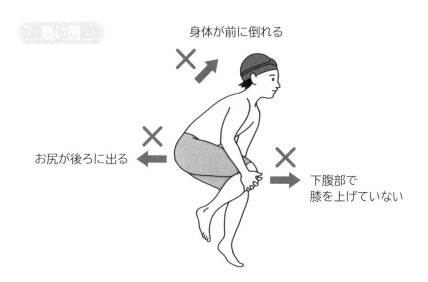

身体が前に倒れる

お尻が後ろに出る

下腹部で
膝を上げていない

レッスン 3 ダブルフロントキック ストレッチ

お尻・太ももの後ろのストレッチ

　できるだけ肩まで水に入って行います。

　水中で片足を上げ、膝を抱えるようなポーズをとります。ダブルニーアップからダブルフロントキックに移ります。

　姿勢が悪かったり、両足を上げるタイミングがバラバラだとフラフラしますので、水中バランスも意識しましょう。お尻が後ろに出ないように、姿勢にも注意しましょう。

POINT

- ジャンプではなく、腹筋を使って両足を上げる
- 蹴るのではなく、腹筋を使ってから両足を伸ばす
- 太ももが上がるくらいでOK
- 水中でのバランスを意識する

呼吸ポイント
- 膝を上げる。両膝を伸ばすときに息を吐く
- 足が床につくときに息を吸う

＼ ラクちゃんアドバイス ／

前進、後進と両方やってみよう！
ラクフライのキック練習にも
とっても良いよ♪

①腰を落とす

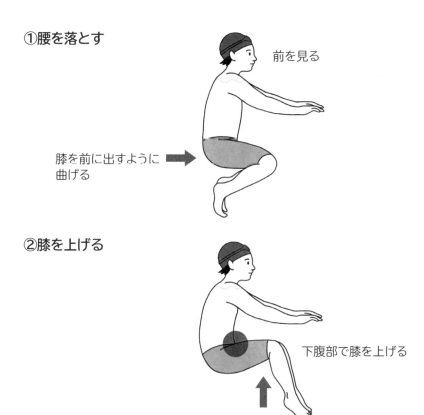

前を見る

膝を前に出すように
曲げる

②膝を上げる

下腹部で膝を上げる

③両足を伸ばす

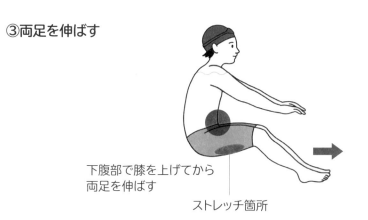

下腹部で膝を上げてから
両足を伸ばす

ストレッチ箇所

レッスン 4 クロスニーアップストレッチ

太もも外側・お尻のストレッチ

できるだけ肩まで水に入って行います。

足の力で上げようとすると、バランスを崩しやすくなります。

下腹部を使い、腰をひねりながら膝を内側に上げ、ゆっくり前に進みます。

足首、つま先には力を入れず、内側にしないように。

頭を動かさないようにし、前を見た状態で肩の力を抜き、上半身はリラックスして行います。

POINT

- 上半身（頭・腕・肩）で体をひねらない
- 下腹部をへこますとひねりの両方で膝を内側に上げる
- 足の力でひねらない

呼吸ポイント

- ひねるときに息を吐く
- 足を入れかえるときに息を吸う

\ ラクちゃんアドバイス /

首もひねらないでね!

足だけストレッチ

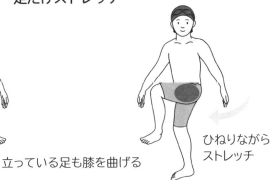

ひねりながら
ストレッチ

立っている足も膝を曲げる

ひねりながら
ストレッチ

膝を押さえるストレッチ

膝を押さえた手と
反対の手で
後ろ側から押す

左手で

ひねりながら
ストレッチ

立っている足も膝を曲げる

ひねりながら
ストレッチ

悪い例

上半身（頭・腕・肩でひねろうとすると体が傾く）

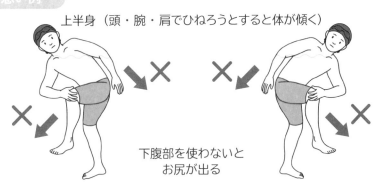

下腹部を使わないと
お尻が出る

アームストレッチ

二の腕ストレッチ

二の腕のストレッチになります。

ストレッチする方の手を前に出し、手のひらを上にした状態から腕を真上に上げて、耳の横ぐらいでヒジを曲げ、反対の手でヒジを押さえます。

肩が痛い人は無理にやらないようにしましょう。

また②のポーズのときに肩を上げないようにしてヒジを上げると、肩は痛くありません。

POINT

- 手のひらを上にして腕を前に出す
- 肩に力を入れずにヒジを曲げる
- ヒジが上になるように反対の手で押さえる

呼吸ポイント
- ①②③まで息を吐く
- 腕を入れかえるときに息を吸う

＼ ラクちゃんアドバイス ／

二の腕のストレッチが
うまくできるようになると
クロール・バタフライを泳いだときに
肩が痛くなるのを防げるよ!

①片手を前に出す

②ヒジを上げ後ろにもっていく

悪い例

ヒジが横に出てしまう
（肩が上がっているのが原因）

③ヒジを反対の手で押さえる

ストレッチ箇所

レッスン 6　ダブルアームストレッチ

両二の腕のストレッチ

　前のページの続きとして、両二の腕のストレッチになります。

　片方の二の腕を押さえたら（前頁①の動作）、押さえた手を離して、同じポーズをとるようにします。

　押さえた手を離したときは、最初と同じく腕を前に出して、手のひらを上に向けてから行いましょう。

　肩が痛い人は、無理にやらないようにしましょう。

　両ヒジが上になっているか鏡で確認してみましょう。

　これができる人は、両肩が痛くならない泳ぎができます。

POINT

- 片手での二の腕ストレッチをつくる
- 押さえていた腕も同じポーズをとる

呼吸ポイント

- ①②③④まで息を吐く
- 腕を下す（ポーズを崩す）ときに息を吸う

ラクちゃんアドバイス

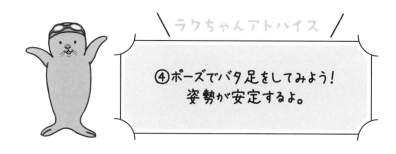

④ポーズでバタ足をしてみよう！
姿勢が安定するよ。

③ヒジが上になるように反対の手で押さえる

④反対の押さえていた腕も同じポーズをとる

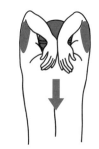

悪い例

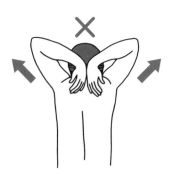

ヒジが横に出てしまう
（肩が上がっているのが原因）

ガン治療を続ける50代女性の
水泳指導（馬場レッスン事例）

　転移ガンで乳ガンが肝臓に転移しステージ４と診断された
お客様。現在も、３ヶ月に１度の画像検査と４週間に１度の
血液検査をし、状態の確認をされています。

　主治医からは、運動については無理は禁物ですが、動ける
範囲で動く事は勧められているということで、水泳とアクア
ビクスのレッスンに参加されています。

　ガン治療は長期にわたり辛く心身ともに疲弊しますが、水
泳は体への負担が少なく全身運動が行えるので血流も良くな
り、気分もリフレッシュするそうで、1cm×1cmサイズの２
個の腫瘍がいつの間にか1個になり、その１個も7mm×4mm
と縮小しているそうです。

　毎週1回あるアクアビクスは、音楽に合わせて水中運動を
45分行うグループレッスンですが、肩・腰・膝・股関節に
大きな負担をかけることのない、腹部を使う呼吸がメインの
レッスンに参加してもらっています。

　乳ガンで2回の手術（最初は乳房全摘出、2回目はその下
の胸筋をお豆腐位の大きさで切除）しているため、上半身の
癒着やそれによって下半身も動かしにくかったそうですが、
水中でのストレッチやアクアの効果で肩甲骨まわりや肩まわ
り、股関節、腕や胸の詰まりが緩み、身体の調子が良くなる
そうで、毎回参加を楽しみにされています。

　さらに、プライベートレッスンと月1回あるグループレッ
スンにもご夫婦で参加されています。

　関節の不調があるときは、水中ストレッチでケアし、アクアビクスと合わせて腹部を使ったラクに泳ぐレッスンをすると、たった1年と数カ月で4種目が泳げるようになりました。もちろん、ラクフライも！

　私はお医者さんではないので手術はできませんが、その人の抱えている怪我や病気の症状をご本人が話せる範囲で詳しく訊き少しでも回復・改善するようなレッスンを提供するように務めています。

　年齢と共に身体への不調は誰しもあることです。ただ年齢のせいとあきらめないでほしいのです。プールで回復・改善できることもあります。水泳で健康を取り戻したいと思ったら、まず個人レッスンでインストラクターに相談しながら進めてみてください。
　私もインストラクターとして、多くの人たちの健康と向き合い、お客様と一緒に喜び、学び成長してきました。
　そして、今後も参加して下さる人に笑顔と健康を提供できるように努めてまいります。

足がつったときの対処法

　足がつるのには、2つの原因があります。一つは足の動か
し方です。

◉泳ぎ方が原因で足がつる場合（クロール・バタフライ）
　上に蹴る・膝を伸ばした状態で蹴る・無理にキックスピー
ドを上げる
◉改善方法
　下に蹴る・膝を曲げたキックをする・キックだけで速く泳
がない
　②水温が低くて足がつる場合
　●対処法
　・ジャグジーやシャワーで温める
　・ふくらはぎのつりは、膝を曲げてゆるませてから伸ばす
　・土踏まずのつりは、足首を回してから伸ばす
　・足の指つりは、足の指を曲げ、ゆっくり伸ばす

　ミネラル不足による原因もありますので、ミネラル補給に
はカリウム、ナトリウム、マグネシウムが多く含まれる塩を
摂取しましょう。
　足がつらない方法の一番は、ラクロール・ラクフライの膝
を曲げる泳ぎ方ですよね。

第 6 章

スイミング
インストラクター

日本の水泳が発展していくために

みんなで一緒に水泳を
盛り上げていこう!!

スイミングインストラクターのみなさまへ

トレーニングについて

　スイミングインストラクターの皆様は、どのようなトレーニングをしていますか？ 大事なのは、「何のためにトレーニングをするか」です。

　私の場合は、年間1700レッスン（2023年時）行っています。ちなみに、フリーランスのときは、年間2000レッスンを超えていました。当然ですが、プールにいる時間は、かなり長くなります。脂肪も筋肉も両方ないと身体が耐えられません。筋肉量が減り、脂肪が増えていくと、関節に負担がかかってきます。

　レッスンの中ではアクアビクスもやっていますが、固いプールサイドでジャンプなども行うため、足・腰・股関節などの負担が多くなります。

　20代の頃、30分のアクアビクスを指導中、なんでもない動きからジャンプに変更しただけでギックリ腰になりかけたことがありました。残り15分でしたが、どうにか激痛をこらえてレッスン終了まで持たせました。

　同僚のジムスタッフにストレッチをお願いして、お客様がやっている接骨院で診てもらうと、ギックリ腰の手前だと言われました。

　20代の当時は、そこまで筋トレにあまり興味がなかったのと、時間を割いてまでやることではないと思っていました。

　しかし、このことがあってレッスン中の怪我で仕事に支障をきたすことはあってはならないと、ジムでの筋トレの時間を作るようになりました。

筋肉と寒さ対策

　筋肉量が増え、脂肪が減ると、水中での長時間レッスンが寒くなります。水の熱伝導率は、空気の約27倍といわれています。

　水中に長時間いるインストラクターはどんどん熱を奪われることになります。

　厚い皮下脂肪があると、体の熱が逃げにくくなる保温効果があります。

　熱の発生源は筋肉ですので、保温する効果の脂肪と熱を発する筋肉の両方が大切になります。

　ただ泳ぐだけならば脂肪はそこまで必要ないですが、インストラクターとしては、ある程度の脂肪が必要となります。もちろん単純に脂肪が増えてしまっても動けなくなるので、トレーニングを習慣化する必要があります。

　ただし、水泳のトレーニングだけでは寒さ対策としての筋肉をつけることは難しいと思います。

　また私の場合は、オープンウォータースイミングのレースにも参加していることもあり、筋トレをやり過ぎると筋肉が固くなり、ほぐすのに時間がかかります。そうなると、スイム練習に影響が出てしまいます。

　少ない時間で、効率良くかつ仕事にもレースにもと考えると、故障しない・寒さ対策用の身体作りが必要になります。

　フリーランスになれば、休むと収入に直結するようになるので、身体を引き締める努力より、レッスンを休まない身体作りの方が重要になります。

レッスンは冷えとの闘い

　レッスンでは、寒いからといってお客様用シャワーをお客様より早く浴びることはできません。グループレッスンをたくさんやっていると、シャワーを浴びるのは最後になります。

　プールが寒くてもお客様からの質問があれば答えます。寒いから後にしてくださいとは言えません。

　レッスンが終わってプールサイドでは寒いからと、プールの中で長い時間はなしていると、レッスンコースからフリーコースに変更できないので、プールから上がって話すことになります。トイレも同様で、トイレの数が少ないところもあり、当然、お客様優先になります。ジャグジーもたくさんお客様が入っていれば、遠慮しなければなりません。

女性のインストラクターは、保温用の水着だけでは大変かと思います。

コロナ禍を思い返すと、換気する必要があったので冬場でも窓を開けていたのでかなり厳しい状況でのレッスンでした。

スイムトレーニング

スイムトレーニングは、スイミングインストラクターとしては必須ですね。

息が上がりすぎて続けられない泳ぎ方は、ラクロール・ラクフライではありません。動作(腕や足)スピードを上げずに速度(進むスピード)を一定にする。一瞬のスピードは腕か足の力なので、もちろん続きません。

インストラクターとして練習をするのであれば、イーブン(速度が一定)なトレーニングとスピードの強弱のトレーニング(イージー・ハード)ができるようになりましょう。

マスターズなど速く泳ぐことを指導しているのであれば、インターバルトレーニングをするべきです。

トライアスロンやオープンウォータースイミングを指導する人は、長距離泳の練習が欠かせないはずです。初心者のレッスンをしているのであれば、初心者用の練習をあらためてする必要があるでしょう。

指導者として大切なこと

【指導の3要素】
①知識で教える　②感覚で教える　③経験で教える

1つだけではなく、3つそろって必要な要素になります。

まずは、自分の身体を使ってその知識・感覚が正しいのか、昔の経験は正しいのか、この経験は参加者に必要なのか。

　指導者は、これを常に意識し指導者として成長していくことが求められます。

　何の練習を提案したら良いのか、どのようなアドバイスをしたら良いのか、どのような練習内容が効率が良いのか、常に参加者への気遣いが大切です。

　専門用語で話しをしたら、初心者の人にはわからないですよね。どのように伝えたら分かりやすいかを考えましょう。ただ練習項目を並べているだけでは、プロではないと思います。組み合わせ・説明の仕方も考えましょう。

　また、正月明けや夏休みなど、長期休暇明けに故障が出たり体調を崩すなど、身体を休めていたのに休暇明けにまた休むのは自己管理ができておらず、一番恥ずかしい行為だと思ってください。

　休息を取る。トレーニングをする。ストレッチや身体のケアをする。レッスンの確認をする。体調・スケジュールの自己管理をする。これが当たり前にできてこそ、プロとしての仕事です。

怪我を防ぐために

　水泳のレッスンをするとき、お客様を支えたり、手・足を持ったりしながら補助をすることになります。

　水中で不安定な体勢になりやすいなか、おもいっきりパワースイムをする人をおさえないといけなかったり、重量感のある人を支えることもありますが、自身に体幹力がないと身体に支障が出てきます。

　また、補助も腕の力でやると肩が痛くなり、手首をたくさん使えば腱鞘炎にもなり、無理な体勢で支えれば腰も痛くなります。

　グループレッスンでは、補助をするときに安全確認をしながらになります。参加者の安全は確保できるが、自分の身体の安全の確保が少なくなっ

たり、たくさんの不規則な動きについつい体の安定をなくして腕だけでやってしまうと、肩や手首を痛めます。少しずつ蓄積していき痛みになったり、我慢していたことで慢性化する原因になります。

　ケガをしない身体づくりとは、鍛えるというより、体を安定させる力と柔軟性になります。大切なのは、バランス力です。水中で立ちながらバランスを安定させることは陸上より難しいですね。

　でも、水中で安定をとる技術や自身のトレーニング経験もお客様に伝えることができれば、お客様にも喜ばれ、インストラクターとしてプラスになります。

　ぜひ、ストレッチやコアトレーニングも積極的にやってほしいと思います。

アクアビクスインストラクター

　アクアビクスインストラクターも水中運動を教えているのであれば 実際に水の中に入って動きの確認をしましょう。

　参加対象者に合っているのか、運動強度が適切であるか、体が温まる運動になっているのか、難易度・構成が適切かどうか、など。運動である以上、呼吸の仕方・筋肉や関節の動き・水分補給の指示が必要です。

　今担当しているアクアビクスは、脂肪燃焼系なのか？ 筋力アップ系なのか？ リハビリ系なのか？ もしくは全て兼ね備えた運動なのか？ 施設のプログラム目的、もしくはお客様の参加目的に合うレッスンを提供するために常に確認作業が大切です。

補助の仕方
　水泳指導は、補助ができないと一人前ではありません。補助とは、指導者が泳ぎの修正・アドバイスを行うときに、お客様の腕を支えたり、回したり、足を持ってバタ足の仕方を教えたりと、体を支える行為になります。

特に姿勢の補助を重視しています。

　腰が落ちる、腰が反る人に、手・足を支えても修正できません。しっかりと腰まわりを支えてあげることが必要です。

　また手・足を持つときに、握りを弱めないと補助される人は、握られたところに痛みを訴えますので注意が必要です。

　補助のときには、握力は必要ありません。補助を行うときも、力を抜いた仕方になると良いですね。泳ぐ方も教える方も肩の力を抜きましょう！

フリースイミングインストラクター

人並みではアマチュア

　練習も、勉強も、気遣いも、人並み以上にできないとプロフェッショナルとは言えません。これはすぐに身に付くモノではなく、今までの積み重ねになります。できてないと思うのであれば、やれば良いだけ。自主的にやれるかどうかが、プロとしてやっていけるかどうかです。ちなみに、やってない人はアマチュア以下です。

　表面上だけプロ（個人事業主）になるのではなく、内面的にもプロになる努力をしましょう！人より多くスイム練習をするからといって、それだけではプロではありません。

　プロとは、毎回のレッスンで参加者にどのような練習が良いのか、もっと上手に教えるには？　を常に考え行動しています。

　具体的にと訊かれれば、「まずは、自分の身体を使ってやってみれば、おのずと答えは見えてくるのでは？」と答えます。知識・経験がたくさんあるからプロではないのです。知識があっても参加者が上手にならないのであれば、その知識では対応できてないことになりますね。自分が提案している練習が難しいのであれば、別の視点から考えることをしてみましょう。

　また、経験だけでは幅広い年齢層や様々なトラブルを抱えている人の対

応に困ることがあるでしょう。

　知識と経験をしっかりと積み上げていき、それをお客様のニーズに合った形で提供し続けることができるようになって初めて、プロのインストラクターです。

　お客様が笑顔でまたレッスンを受けたいと思ってもらう為には、無理なく楽しくスイム向上ができるレッスンを提供するという高い目標を持ち、そのための努力を惜しまないことが大切です。

日本ラクロールスイム協会が変える未来

日本の水泳が発展するために

　日本の水泳事情を考えると、レッスンを受ける年齢層の空洞化は深刻です。

　水泳教室では、子供たちと高齢者で回っていますが、今後、高齢者の方々がごっそりと抜けていったとき、どのようなことが起こるのかは明白です。

　課題はいくつもありますが、まずは、いま教えている子どもたちが大人になっても水泳を楽しめる環境づくりと、いまの30〜60代の現役世代が健康維持のためのスポーツの選択肢として、積極的に水泳を楽しめる施策などが重要でしょう。

　さらに、日本の水泳が発展していくためには、土台としての優秀な水泳インストラクターが一人でも多く必要です。

　ここまで、インストラクターについてさまざまなことをお伝えしてきましたが、これらは私が指導者として27年をかけて培ってきたものです。

　いまから、この年月をかけてというのは、とても発展どころか衰退を止めることすらできません。また、この本でプロとしての考え方はお伝えできても、技術に関しては、とても伝えきれるものではありません。

　この現状を変えていくために、日本ラクロールスイム協会では、プロの水泳指導者を育成するプログラム作りを進めています。

ラクロール・ラクフライだけでなく、4泳法全てにおいて最新の技術と指導法が学べます。2024年の段階では、ラクロールの研修ができる講師を育成しております。さらに、成人スイムレッスンの研修会を行えるように進めています。

スイミングインストラクターの皆様へ
・現在のマニュアル指導が本当にお客様の為になっているのか不安。
・自分の指導力向上の為に、ラクロールを学びたい。
・周りに、指導のアドバイスをしてくれたり、指摘してくれる人がいない。
・個々にあった指導方法をしたい。

などなど、現在の指導の仕方を変えたい意欲がある人に学んでいただきたいと思っています。

現在あるプールは、老朽化していきます。メンテナンスするには、もちろんお金が必要です。よりお客様が関心のあるレッスンでないとお客様は離れていきます。もちろん施設の収入は減りますので、メンテナンスしたくてもできません。
意欲があるスイミングインストラクターのお力をお借りして、プールが閉鎖されないよう、お力添えいただけたら幸いです。
日本の水泳の未来のためにも、ぜひ、日本ラクロールスイム協会の今後の活動にご注目いただき、ご賛同いただきますようよろしくお願い申し上げます。

一般社団法人日本ラクロールスイム協会
代表理事　馬場浩希

馬場浩希

1978年東京生まれ。水泳インストラクターとして、スイム歴27年。アクアビクス21年、パーソナル19年、スイムコアトレーニング14年の指導歴の中で自身の活動を発展させるために、スイミングスクール、フィットネスクラブをはじめとして、さまざまなスポーツ教室に応じて、各分野の専門インストラクターを派遣する会社、株式会社SCALEを2014年に設立。さらに水泳の発展とリハビリなど機能改善を目的とした馬場オリジナルの泳法を広めるために日本ラクロールスイム協会を2023年5月に設立。後進の指導者を育てるため日本全国に活動を展開中。

株式会社SCALE　代表取締役
https://scale-instructor.jo/
一般社団法人日本ラクロールスイム協会
（Japan Rakuroll Swim Association）代表理事

◆保有資格◆

一般社団法人日本スイミングクラブ協会アクアフィットネス上級インストラクター
公益財団法人日本スポーツ協会公認水泳上級教師
公益財団法人日本水泳連盟　オープンウォータースイミング指導員

呼吸がラクに！　体がラクに！　心がラクに！　ラクロール2
バタフライがラクに泳げる！　ラクフライ

2024年7月30日　初版第1刷

著者　　馬場浩希
発行者　石川眞貴
発行所　株式会社じゃこめてい出版
　　　　〒214-0033
　　　　神奈川県川崎市多摩区東三田3−5−19
　　　　電話 044-385-2440
　　　　FAX 044-330-0406
　　　　https://jakometei.com

編集・校正／株式会社じゃこめてい出版
装丁・デザイン／Kre Labo
イラスト／石川真來子（Kre Labo）
印刷・製本／株式会社上野印刷所

革新的水泳本

呼吸がラクに！ 体がラクに！ 心がラクに！

クロールがラクに泳げる！
ラクロール
水泳初心者向き

馬場浩希 著

絶賛発売中!!

136頁　全カラー A5判並製
定価（本体1500円+税）

初心者もベテランスイマーも必見！！
今までみなさんが習っていた
"全身をまっすぐ伸ばすクロール"は、速く泳ぐ
ための短距離型のフォームです。
短距離型のフォームでゆっくり泳ぐのは、
スポーツカーが無理してゆっくり走っているのと
同じ状態です。
苦しい、疲れる原因をとことん無くした長距離泳法
ラクロールなら、歩くように泳げます！

革新的なメソッドで誰でもラクに泳げる！！

・丁寧な解説と分かりやすいイラスト、さらに20種類のQRコード動画で、誰でもすぐにマスターできる！

・ストレッチしながら泳げるストレッチ・ラクロールや、リハビリに特化したアクアビクスウォーキングも掲載。

・水泳初心者のための、呼吸の仕方、体を痛めない泳ぎ方、練習の仕方、水泳レッスンのあれこれも紹介。